하나님을
알아가는
행복

하나님을 알아가는 행복

지은이 | 이승희
초판 발행 | 2016. 4. 25
등록번호 | 제1988-000080호
등록된 곳 | 서울특별시 용산구 서빙고로65길 38
발행처 | 사단법인 두란노서원
영업부 | 2078-3352   FAX | 080-749-3705
출판부 | 2078-3331

책값은 뒤표지에 있습니다.
ISBN 978-89-531-2542-1 03230

독자의 의견을 기다립니다.
tpress@duranno.com   www.duranno.com

두란노서원은 바울 사도가 3차 전도여행 때 에베소에서 성령 받은 제자들을 따로 세워 하나님의 말씀으로 양육하던 장소입니다. 사도행전 19장 8~20절의 정신에 따라 첫째 목회자를 돕는 사역과 평신도를 훈련시키는 사역, 둘째 세계선교 (TIM)와 문서선교 (단행본·잡지) 사역, 셋째 예수문화 및 경배와 찬양 사역, 그리고 가정·상담 사역 등을 감당하고 있습니다. 1980년 12월 22일에 창립된 두란노서원은 주님 오실 때까지 이 사역들을 계속할 것입니다.

하나님을
알아가는
행복

이승희 지음

두란노

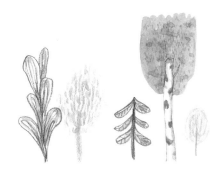

　이승희 목사는 극동방송에서 가장 인기 있는 방송 설교가 중 한 분입니다. 그의 설교는 많은 방송 가족들에게 도전을 주고 결단에 이르도록 영향을 끼치고 있습니다. 그의 메시지를 들어 보면 얼마나 주님을 높이며 성경을 사랑하는지를 느낄 수 있습니다. 그 뜨거운 가슴으로 써 내려간 하나님에 대한 앎이 이 책의 내용입니다. 그가 외치는 '하나님을 알아가는 행복'이 오늘의 반야월교회를 이루었듯이, 다원주의와 자유방임적 문화의 유혹이 성도들의 신앙을 허물고 있는 이 시대에, 이 책은 분명한 신앙의 이정표를 제시할 것입니다.

김장환 (극동방송 이사장, 수원중앙침례교회 원로목사)

　이승희 목사는 누구보다도 말씀에 대한 열정이 뜨겁습니다. 그의 설교에는 복음이 용광로처럼 들끓고 있습니다. 그래서 강단에서 던져지는 그의 말들은 회중의 가슴에 하나님을 향한 뜨거움으로,

간절함으로 박혀 차가운 마음조차 발화(發火)시키는 힘이 있습니다. 그 열정이《하나님을 알아가는 행복》의 페이지마다 알알이 박혀 있습니다. 하나님을 알아갈수록 그분을 더욱 알고 싶은 열망에 빠지게 됩니다. 그리하여 하나님을 더욱 사랑하며 순종의 길로 나아가게 합니다. 이 책을 통해 하나님의 자녀로 행복하게 사는 축복을 누리길 소망합니다.

오정현 (사랑의교회 담임목사)

모든 설교는 하나님의 말씀을 가르치는 수단입니다. 그러나 그 것은 단지 설교자가 성경에 대해 아는 것을 가르치는 데 그치지 않습니다. 오히려 청중을 감화시켜서 믿음으로 순종의 삶을 살게 하는 데까지 나아가야 합니다.

저는 이 책을 읽으면서 빵을 생각했습니다. 성경 진리의 내용이 밀가루 반죽이라면 설교는 그것으로 만든 빵과 같습니다. 몸에는 좋지만 먹기에 너무 거칠고 단단한 빵도 있고, 몸에는 좋지 않지만 먹기에는 좋은 빵도 있습니다.

이 책은 너무 깊은 신학 논쟁과 이론으로 가득 차서 거칠고 이해하기 힘든 책이 아닙니다. 또한 세상 이야기와 인본주의가 섞여 있어서 듣기엔 좋지만 신앙에는 큰 유익을 주지 못하는 책도 아닙니다. 성경의 가르침을 토대로 하고 있는 이 책은, 쉬우면서도 독자들이 깊이 공감하고 현실에 적용할 수 있는 신앙의 지혜를 담고 있습니다. 이것은 아마도 성도들을 사랑으로 목양해 온 저자가 오랜 세월 동안 온 삶으로 진리를 체득했기 때문일 것입니다. 이 책이 독자들에게 읽혀져 하나님을 더욱 사랑하고 믿음으로 살게 하는 데 도움을 줄 것을 기대합니다.

김 남준 (열린교회 담임목사)

마틴 로이드존스 목사는 "설교란 정열에 불타는 인간을 통해 나오는 신학"이라고 말한 바 있습니다. 나는 이승희 목사의 설교를 통해서 열정이 담긴 진리의 말씀을 듣습니다. 그의 설교에는 무엇보다 하나님의 진리의 말씀이 충만합니다. 그리고 그 진리의 말씀이 그의 감동적인 열정을 통해서 회중들의 마음에 깊숙이 파고듭니다. 저는 그의 설교를 들을 때마다 하나님을 알아가는 행복과 감동'을 경험합니다. 이 책을 읽는 모든 사람들이 저와 같은 경험을 하게 될 것이라 확신합니다.

주승중(주안장로교회 담임목사, 장로회신학대학교 설교학 겸임교수)

목사가 목사의 설교를 들으면서 '어떻게 저렇게 설교할 수 있을까?' 하는 생각에 입이 다물어지지 않는다면 그 목사는 분명 뛰어난 설교의 은사를 가진 사람일 것입니다. 이승희 목사님이 바로 그런 설교자입니다. 때로는 불처럼, 때로는 차가운 얼음처럼 성도들의 가슴을 치고 들어가는 그의 설교에는 심령을 움직이는 놀라운 은혜가 있습니다. 이런 힘과 은혜가 《하나님을 알아가는 행복》에 고스란히 담겼습니다. 아브라함의 인생을 통해 박진감 있게 펼쳐지는 이 책의 이야기는 인생의 고통과 문제에 직면해 있는 당신에게 반드시 만나야 할 하나님을 발견하게 할 것입니다. 이승희 목사의 분명한 성경적 메시지가 이 시대 그리스도인들에게 새로운 행복을 퍼 올려 줄 것을 기대합니다.

신상현 (대한예수교장로회 고신교단 총회장, 목사)

이승희 목사는 말씀 선포를 위해 태어난 하나님의 선물 같은 분입니다. 날카롭고 예리하며, 지성과 감성의 조화를 이룬 탁월함으로 성도들의 마음을 어루만지는 성령의 사람입니다. 그의 설교는 마치 철필(鐵筆)로 새기듯 우리 가슴에 하나님의 말씀을 새겨지게 합니다. 이승희 목사의 메시지가 고스란히 담긴《하나님을 알아가는 행복》을 통해 차가워진 가슴이 다시 한 번 하나님의 사랑으로 불붙는 은혜가 독자들에게 임하리라 믿어 의심치 않습니다.

박무용 (대한예수교장로회 합동교단 총회장, 목사)

하나님은 사랑입니다. 그 사랑을 단 한 번이라도 경험하고 나면 모든 것이 새롭게 보입니다. 나를 바라보는 눈이 달라지고, 주변을 바라보는 시선이 바뀝니다. 그래서 하나님의 사랑은 위대하고 놀랍습니다.

그런데 모든 사람이 하나님의 사랑을 경험하는 것은 아닙니다. 오직 예수의 은혜로 거듭난 사람만이 누릴 수 있는 특별한 사랑입니다. 이 사랑 때문에 하나님과 성도는 세상이 흉내 낼 수 없는 신비로운 관계가 됩니다.

이런 하나님의 사랑을 가장 가까이에서 누린 사람이 아브라함입니다. 그가 믿음의 조상이 된 것은 하나님의 특별한 사랑 때문이었습니다. 하나님 편에서 시작된 이 특별한 사랑은 성경의 중심 이야기가 되었습니다. 이 사랑 이야기가 중요한 것은, 그를 향한 사랑이 곧 우리를 향한 사랑이기 때문입니다. 이 비밀스러운 '러브 스토리' 가《하나님을 알아가는 행복》속에 담겨 있습니다.

많은 그리스도인들이 하나님을 알아가는 것을 마치 숙제인 듯 부담스럽게 생각하는 경향이 있습니다. 하나님을 알면 속박된 인생을 살게 될 것으로 오해하기도 합니다. 그러나 반대입니다. 오히려 자유를 누립니다. 평안을 누립니다. 세상 가운데서 담대함을 소유한 자로 살게 됩니다. 그래서 하나님을 아는 것은 행복이며 특권이고 영광입니다.

신앙생활을 하다가 탈진하거나 무기력해지는 이유는 하나님에 대한 앎이 부족하기 때문입니다. 사람은 아는 만큼 믿고, 믿는 만큼 행합니다. 그리고 믿고 행할 때 행복해집니다. 그렇다면 결국 아는 것이 행복을 짓습니다. 그래서 하나님을 아는 것이 행복의 발원(發

源)이며 기본입니다.

이 책은 하나님을 더 깊이 앎으로 그분과 사랑을 나누는 자리로 당신을 인도할 것입니다. 그것이 믿는 자들의 행복임을 알게 할 것입니다.

이 책을 읽는 모든 독자가 하나님을 알고 그 사랑을 누림으로 세상에서 주님의 생명을 흘려보내는 축복의 통로로 세워지길 기대합니다.

하나님 때문에 행복한 사람

이승희

chapter 1

창조하심

하나님은 창조로
존재를 설명하신다

신앙은 하나님을 신뢰하는 것이다. 하나님만 믿고 바라보며 따라가는 삶, 그것이 신앙이다. 그렇다면 이 신앙의 토대는 무엇이어야 하는가? 그것은 하나님을 아는 데 있다. 하나님이 어떤 분인지 알 때 우리는 그분을 신뢰할 수 있다. 그리고 하나님에 대해 바르게 알 때 우리는 전적으로 하나님만 의지할 수 있다.

신앙을 인간관계에 비추어 생각해 보자. 사람들은 관계를 형성할 때 상대에게 신뢰를 주려고 애쓴다. 하지만 상대에 대해 깊이 알지 못하면 진심으로 신뢰할 수 없다. 신앙도 마찬가지다. 하나님을 깊이 알 때 신앙의 방향이 설정되고, 믿음이 더 견고해진다. 그래서 하나님을 아는 것은 신앙의 나침반과 같다.

성경에 귀를 기울여 보면 하나님에 대해 아는 것이 얼마나 중요한지 새삼 깨달을 수 있다.

> 내 백성이 지식이 없으므로 망하는도다 네가 지식을 버렸으니
> 나도 너를 버려 내 제사장이 되지 못하게 할 것이요 네가 네 하
> 나님의 율법을 잊었으니 나도 네 자녀들을 잊어버리리라 호 4:6

이 말씀은 이스라엘 백성, 다시 말하면 오늘날의 그리스도인들에게 주시는 메시지다. '너희가 나를 아는 지식이 없기 때문에 망한다', '나를 알지 못하면 너희 삶이 행복하지 못하다', '너희가 잘 살아 보려 애쓰고, 너희보다 더 나은 다음 세대를 꿈꾸고 미래를 소망하지만, 나를 알지 못하면 결국은 네 자녀들이 망하는 길로 들어간다'는 뜻이다. 이어지는 4장 7절을 보면 더 무섭다.

> 그들은 번성할수록 내게 범죄하니 내가 그들의 영화를 변하여
> 욕이 되게 하리라 호 4:7

하나님을 알지 못한 채 세상에서 부요해지는 것은 성도에게 오히려 독이 된다. 세상에서 성공하기 위해 애써 꿈꾸고 노력하지만 결코 만족할 수 없고 행복할 수도 없다. 그 이유는 하나님을 알지

못하기 때문이다.

호세아가 이스라엘 백성에게 이 말을 하는 이유는 그들이 하나님의 존재를 알지 못해서가 아니다. 그들은 하나님의 존재에 대해 누구보다 잘 알고 있었다. 어릴 때부터 하나님을 예배하는 법을 배웠고, 그들의 부모에게서 하나님이 어떤 분이신지 듣고 자랐다. 하지만 신앙의 연륜이 깊고, 교회에서 많은 활동과 봉사를 한다고 해도 그것이 모두 하나님을 아는 지식과 상관있는 것은 아니다. 하나님을 아는 지식이 없는 신앙이나 봉사는 복이 아니라 불행이며, 다음 세대가 번성하지 못하게 만드는 해악이 된다. 따라서 하나님을 아는 것이 굉장히 중요하다. 이것은 성도 개개인에게만 국한된 것이 아니다. 호세아는 또 이렇게 말했다.

이스라엘 자손들아 여호와의 말씀을 들으라 여호와께서 이 땅 주민과 논쟁하시나니 이 땅에는 진실도 없고 인애도 없고 하나님을 아는 지식도 없고 오직 저주와 속임과 살인과 도둑질과 간음뿐이요 포악하여 피가 피를 뒤이음이라 호 4:1-2

하나님을 아는 지식이 없으면 한 사람의 문제로 그치는 것이 아니라 그 사람의 미래와 가정, 사회 전반에 그 영향을 끼치게 된다. 호세아는 하나님을 아는 지식이 없어서 세상이 강포하고 패역해졌다고 말한다. 여기서 우리는 하나의 공식을 배우게 된다.

'인간이 행복해지는 길은 무엇인가? 하나님을 아는 데 있다. 하나님을 아는 만큼 신앙인으로서 바른 삶을 살 수 있고, 하나님을 아는 만큼 우리의 삶은 더욱더 복되고 소망이 있다.'

그렇다면 우리는 하나님을 어떻게 알 수 있는가? 그리고 하나님을 알 수 있는 방법은 무엇인가? 사실 하나님이 먼저 자신을 드러내시지 않으면 우리는 하나님을 알 수가 없다. 하나님이 자신을 드러내시는 것을 '계시'라고 하는데, 우리는 계시를 뭔가 신비롭고 신묘막측한 것으로 생각하기 쉽다. 그러나 계시란 쉽게 말해서 하나님이 감추어져 있던 것을 활짝 열어 보이시는 것을 말한다. 다시 말해 영이신 하나님이 스스로를 우리에게 드러내신 사건이 계시다.

하나님이 자신을 드러내신 계시 중 하나가 자연만물이다. 해가 뜨고 지는 것, 봄 여름 가을 겨울 사시사철이 있다는 것, 이런 자연의 섭리와 조화를 통해 하나님은 자신의 존재를 드러내신다.

또한 인생의 경험을 통해서도 하나님의 존재를 알게 하신다. 사람은 사는 동안 많은 경험을 한다. 생명의 출생과 죽음, 인생의 성공과 실패, 삶의 고난과 좌절을 통해 이 모두를 간섭하는 신적인 존재가 있음을 깨닫게 된다.

그러나 이런 자연 현상과 인생을 통해서는 하나님을 제대로 알기에 미흡한 점이 많다. 그래서 하나님은 가장 확실하고도 분명하게 당신을 알 수 있는 특별한 방법을 우리에게 주셨다. 바로 하나님의 말씀인 성경을 통해서다. 하나님은 66권의 성경에 당신을 분명하게 소개해 놓으셨다. 성경은 첫 장부터 하나님의 이야기로 가득 채워져 있다. 그렇다면 성경은 하나님을 어떤 분이라고 가르치고 있는가?

창조주 하나님이시다

성경의 첫 번째 책인 창세기는 1장 1절에서 하나님을 창조주라고 소개하고 있다.

> 태초에 하나님이 천지를 창조하시니라 창 1:1

성경은 하나님의 존재에 대해서 어떤 논쟁도 허락하지 않는다. 성경은 우주가 어떻게 만들어졌는지 설명하거나, 논리적 법칙이나 자연의 섭리를 내세워 하나님의 존재를 증명하려 하지 않는다. 성경은 '하나님은 존재하시고', '그 하나님은 태초에 천지만물을 만드셨다'고 선언한다. 여기서 '태초에'는 '베레쉬트'(בְּרֵאשִׁית)로 '역사의 처음'이라는 뜻이다. 하나님이 우주를 만드시기 시작한 그때를 '태초에'라는 단어로 설명하고 있는 것이다. 신약성경인 요한복음 1장 1절에 '태초에'라는 단어가 다시 한 번 등장하는데, 이때의 '태초에'와 창세기의 '태초에'는 그 의미가 조금 다르다. 요한복음의 '태초에' 즉 '엔 아르케'(ἐν ἀρχῇ)는 창세기의 '태초에' 즉 '베레쉬트'보다 훨씬 더 멀리 거슬러 올라간다. '엔 아르케'가 하나님이 존재하신 초시간적 때를 의미한다면, 창세기의 '베레쉬트'는 우주가 창조된 때를 의미한다.

또한 창세기에는 '무엇을 만들었다', '창조했다'는 의미의 단어가 여러 종류로 등장한다. 특별히 창세기 1장 1절의 "창조하시니라"에서 창조는 히브리어로 '바라'(ברא)로서 하나님과 관련해서 사용된다. 즉 '무'에서 '유'를, '전혀 없는 곳'에서 '처음 있는 것'을 만들어 내시는 하나님의 창조 사역으로서 '바라'가 사용되고 있다. 하나님께서 우주 만물과 역사의 형질을 만드실 때 아무것도 없는 가운데서 '천지를 만드셨다'는 것을 말하고 있는 것이다.

성경은 이렇듯 창조의 하나님을 우리에게 소개하지만, 세상은 창조의 하나님을 받아들이지 않는다. 타락 후 인간은 하나님이 천지를 만드신 사실을 부정하기 위해 수많은 이론과 논쟁들을 발전시켜 왔다. 그런데 그 어떤 이론도 제대로 증명되지 못한 채 사라져 버렸다. 이것은 무엇을 의미하는가? '하나님이 세상을 만드셨다'는 것을 부정하기 위해 만들어 낸 모든 이론이 틀렸음을 뜻한다.

근래에는 '우주 인플레이션론'(The Inflation Universe)이 우주의 생성을 설명하는 이론으로 가장 많이 받아들여지고 있다. 이 이론은 우주 초기의 어떤 순간에 우주가 빛보다 더 빠른 속도로 팽창했다는 가설이다. 우주가 굉장히 짧은 시간 동안 엄청나게 커졌다는 이 이론은 앨런 구스(Alan Guth)가 주장했다. 138억 년쯤 전에 우주에 상상 못할 어떤 응축된 물질이 무언가에 의해 팽창되다가 대폭발이 일어났는데 그렇게 폭발되어 부서진 조각들이 오늘날 우리가 살고 있는 우주를 형성하게 되었다는 이론이다.

이것이 과학이다. 그런데 이 이론에 과학이라는 이름을 떼어 버리면 흡사 공상소설 같지 않은가? 그렇다면 우리는 다시 이렇게 질문을 던져 볼 필요가 있다. 138억 년 전에 응축된 물질이 있었다면 그 물질은 누가 만들었는가? 과학은 이 질문에 대답할 수가 없다. 과학은 무(無)에서 유(有)가 나왔을 뿐, 그 상상할 수 없는 응축된 물질을 누가 만들었는지, 그 물질은 어떻게 폭발되었는지에 대해선 답을 하지 못한다.

과학적 논리를 따라 이론을 만들어 놓았지만 따져 들어가 보면 증명되지 않는 것들이 많다. 성경은 하나님이 사람을 만드셨다고 말하지만, 사람들은 그것을 부정하며 진화론을 지지한다. 진화론이란, 쉽게 설명하면 우주가 빅뱅에 의해 생겨났으며, 그 후 오랜 시간 동안 돌연변이와 자연선택에 의한 진화의 결과로 만물이 생겨났다는 이론이다. 극히 원시적인 생물이 조금씩 고등한 동물로 진화되어 직립하는 인간이 되었다는 이론이다. 그 논리가 맞다면, 지구촌의 어딘가에는 원숭이가 진화하여 사람이 되었다는 소식이 들려야 한다. 그러나 그러한 이야기는 어느 곳에서도 들어 본 적이 없다. 다윈의 진화론은 종에서 종을 뛰어넘는다는 증거를 제시하지 못한다.

창조주 하나님을 제외하면 우주의 존재에 대해서 설명할 방법이 없다. 그렇다면 창조의 하나님은 어떤 분이신가? 창세기 1장은 하나님이 지으신 창조의 현장을 우리가 이해하기 쉽도록 아주 간략한 그림으로 보여 준다.

말씀하시는 분이다

창조의 하나님은 말씀하시는 하나님이다. 말씀하시는 하나님이라는 것은 우주를 창조하실 때 그 창조의 수단이 말씀이었다는 것을 의미한다. 창세기 1장을 읽어 보면, 말씀 외에 그 어떤 것도 창조의 수단과 재료로 삼지 않으셨다.

하나님이 이르시되 빛이 있으라 하시니 빛이 있었고 창 1:3

하나님은 그 어떤 것을 재료로 삼아서 빛을 만드신 게 아니었다. "하나님이 이르시되 빛이 있으라"고 말씀하시니 빛이 있었다. 창세기 1장 전체를 보면 하나님이 무엇을 '만드셨다'고 하는 단락이 시작될 때마다 어김없이 가장 첫머리에 표현되는 말이 "하나님이 이르시되"(와요메르 엘로힘: וַיֹּאמֶר אֱלֹהִים)이다. 6, 9, 11, 14, 20, 24, 26, 29절에도 "하나님이 이르시되"를 첫머리에 두고 하나님의 창조를 기록하고 있다. 이것을 시편은 이렇게 표현한다.

여호와의 말씀으로 하늘이 지음이 되었으며 그 만상을 그의 입 기운으로 이루었도다 시 33:6

그가 말씀하시매 이루어졌으며 명령하시매 견고히 섰도다 시 33:9

물체가 어떤 형질을 갖추기 위해선 재료가 필요하다. 강단을 만들기 위해서는 나무라는 재료가 필요하고, 철재 제품을 만들기 위해서는 쇠가 있어야 한다. 도기를 만들려 해도 흙이 필요하다. 그런데 하나님은 천지를 창조하실 때 어떤 재료도 사용하지 않고 말씀으로 만드셨다. 하나님은 지금도 그 말씀으로 천지를 운행하고, 주장하며, 간섭하신다. 이 말은 너무나 중요하다. 하나님의 말씀을 떠나서는 천지가 제대로 작동되지 않는다는 말이고, 하나님의 말씀에 순종하지 않으면 하나님이 만든 창조 세계에서 제대로 살아갈 수 없다는 의미다.

혹시 오랜 시간 붙들고 있는 문제가 있는가? 우리는 말씀으로 지어진 존재이기 때문에 오직 말씀으로만 인생의 문제들을 해결할 수 있다. 그러므로 인생은 우주 만물을 말씀으로 창조하신 그 하나님을 알 때 진정한 행복을 누릴 수 있다.

하나님은 지금도 우리에게 말씀으로 간섭하시며, 우리가 불량품과 같은 삶을 살 때 말씀으로 고쳐 주신다. 하나님은 지금도 여전히 말씀으로 우리를 새롭게 하시고, 그분의 백성답게 만들어 가신다. 그러므로 우리는 무엇보다 하나님의 말씀 안에 나를 놓아야 한다. 나를 하나님의 말씀 가운데 둘 때 삶의 현장에서 일어나는 모든 치열한 문제를 해결할 수 있다. 창조의 하나님이 말씀으로 역사하시는 분임을 알 때 우리는 기적의 주인공이 될 수 있다.

답 없는 인생에 답이 되신다

창조의 하나님은 전능하신 하나님이다. 이 말은 하나님의 창조 행위가 하나님의 능력을 기반으로 이뤄졌다는 의미다. 창세기 1장에서 또 하나 주목해야 할 표현이 있는데, 그것은 "하나님이 이르시되"라는 말씀과 "그대로 되니라"가 짝을 이룬다는 것이다.

> 하나님이 이르시되 천하의 물이 한 곳으로 모이고 뭍이 드러나라 하시니 그대로 되니라 창 1:9

> 하나님이 궁창을 만드사 궁창 아래의 물과 궁창 위의 물로 나뉘게 하시니 그대로 되니라 창 1:7

> 하나님이 이르시되 빛이 있으라 하시니 빛이 있었고 창 1:3

3절만 "그대로 되니라"란 표현이 없지만 이 역시 말씀대로 이루어졌음을 말하고 있다.

이후 15, 24, 30절에도 "그대로 되니라"가 "하나님이 이르시되"와 호응하고 있다. "그대로 되니라"는 성취되었음을 의미한다. 하나님의 명령에 따라오는 반응은 '그대로 되었다'는 성취다. 이처럼 우리가 믿는 하나님은 못하실 것이 없는, 모든 것을 다 이루어 내는 전능하신 하나님이다. 그래서 천지 창조를 마무리하는 2장 1절은 하나님이 말씀하시니 "천지와 만물이 다 이루어지니라"고 하나님의 전능하심을 드러내고 있다.

하나님의 전능하심은 죽은 나사로를 찾아가신 예수님의 모습에서도 그대로 드러난다. 죽은 지 이미 사흘이나 지나 썩은 송장 냄새가 나는 나사로를 찾아가신 예수님은 무덤 앞에서 "나사로야 나오라"(요 11:43) 하셨다. 이 말씀 외에는 그 어떤 행동도 하지 않으셨다. 죽은 나사로의 무덤은 생명을 다시 살릴 수 있는 그 어떤 상식이나 과학도 통하지 않는 장소다. 그러나 "나사로야 나오라"는 주님의 부활 명령 한마디에 그는 수족이 봉인된 채로 다시 살아나서 무덤에서 나왔다. 이 하나님이 전능한 하나님이며 우리의 아버지이시다.

우리가 믿는 하나님이 전능하신 분이라는 사실을 알았다면, 우리의 신앙 태도와 삶의 자세가 달라져야 한다. 천지를 창조한 전능하신 하나님을 믿는다면 내 삶에 어려움이 닥쳤을 때 '나는 할 수 없어도 하나님은 하실 수 있다', '내게는 답이 없지만 하나님께는 답이 있다'는 신앙의 자세로 변화되어야 한다.

성도는 눈에 보이고 귀에 들리며 손에 잡히는 것을 인생의 전부라고 생각하며 살아가는 존재가 아니다. 우리가 예배 때마다 고백하는 사도신경의 처음 구절처럼 "전능하사 천지를 만드신 하나님 아버지"가 우리가 믿는 하나님이시기에, 성도는 보이지 않는 약속의 성취를 바라보며 기뻐하는 존재다. 그러므로 성도는 문제와 위기가 닥쳤을 때 당장 손에 잡히지 않더라도 하나님이 해결해 주실 것을 믿고 절망하지 말아야 한다.

예수님은 닥친 문제 앞에서 절망하는 제자들에게 이렇게 말씀하셨다.

예수께서 이르시되 할 수 있거든이 무슨 말이냐 믿는 자에게는
능히 하지 못할 일이 없느니라 하시니 막 9:23

'믿는 자'란 누구인가? 창조의 하나님이 전능하신 분임을 믿는 자들이다. 그런 자들에겐 능치 못할 것이 없다고 하신다. 하나님이 그들을 위해 일하실 것이기 때문이다. 따라서 성도는 못하실 일이 없고, 못 고칠 질병이 없고, 못 풀어 낼 문제가 없으신 하나님을 바라보며 살아야 한다.

수고하고 무거운 짐 진 자들아 다 내게로 오라 내가 너희를 쉬

게 하리라 마 11:28

이 땅을 살아가는 모든 인생의 공통된 문제가 무엇인가? 내 인생에 지워진 무거운 짐이 아니겠는가? 이 짐을 벗어 버리기 위해 우리는 과학과 의학을 발전시키고, 사회 법을 제정하고, 교육을 하고, 문학과 예술을 한다. 하지만 역사 이래 그 어떤 것도 우리의 무거운 짐을 가볍게 해주지 못했다. 왜 그런가? 인간의 힘으로는 그 누구도 인생에 닥친 문제를 해결할 수 없기 때문이다. 하나님은 지금도 "수고하고 무거운 짐 진 인생들아 다 내게로 오라"고 말씀하신다. 전능하신 하나님, 우리를 지으신 창조주 하나님만이 인생의 짐으로 고통스러워하는 우리를 구원하실 수 있다.

주님은 수고하고 무거운 짐 진 우리들을 쉬게 해주실 뿐만 아니라 어느 때든지, 어느 곳에서든지 우리와 함께하겠다고 약속하셨다(마 28:20). '동행'은 인생의 무거운 짐을 하나님이 해결해 주시겠다는 약속이다. 우리는 못할지라도 하나님은 이루어 주신다는 약속이다. 우리는 이 하나님을 믿고 세상 속에서 담대하게 살아가야 한다. 전능하신 하나님께 우리 삶의 모든 문제를 맡기고 기적의 역사를 경험하길 바란다.

창조의 하나님은 선하신 분이다. 이 말의 의미는 창조의 결과가 '선하다'는 뜻이다. 다시 말해 "보시기에 좋았더라"(It was good)가 천지를 창조하신 하나님의 결론이다.

하나님이 만드신 것들이 좋은 이유는 하나님의 성품과 속성이 선하시기 때문이다. 그래서 하나님이 계획하시고, 작정하시고, 이루시는 일의 결론은 언제나 하나님 보시기에 좋을 수밖에 없다. 특별히 인간을 창조하신 하나님의 기사를 보면 하나님이 더 좋은 분이심을 알게 된다.

하나님은 사람을 마지막 날 마지막 순간에 만드셨다. 인간을 창조의 마지막 날에 만드신 이유가 무엇인가? 인간을 향한 하나님의 사랑과 선한 성품 때문이다. 하나님은 인간이 살아가기에 불편하지 않도록 모든 조건과 환경을 완벽하게 갖추고자 하셨다. 그렇기에 우리를 만드신 하나님은 우리 삶의 결론도 선하게 맺어 주실 것이다.

부모가 자식을 잉태하면 좋은 부모든 나쁜 부모든 뱃속에 든 아기를 향해 소망을 갖게 된다. '건강했으면 좋겠다, 머리가 총명했으면 좋겠다, 외모가 출중했으면 좋겠다' 같은 소망을 갖는 것이다. 이것이 부모 마음이다. 그렇다면 선하신 하나님은 직접 빚어 만드신 인간에게 어떤 소망을 가지셨을까? 그 하나님이 우리에게 가장 선하고 좋은 것을 주고 싶어 하지 않으셨겠는가?

이것은 창조 일정을 보면 더욱 분명하게 드러난다. 하나님은 넷째 날까지 인간이 살아가는 데 필요한 것들을 만드셨다. 넷째 날 빛과 궁창 등을 만드셨고 다섯째 날과 여섯째 날에 그 속에 머물러 살수 있는 생물을 만드셨다. 그리고 그 모든 생물에게 복을 주셨다.

> 하나님이 이르시되 물들은 생물을 번성하게 하라 땅 위 하늘의
> 궁창에는 새가 날으라 하시고 하나님이 큰 바다 짐승들과 물
> 에서 번성하여 움직이는 모든 생물을 그 종류대로, 날개 있는
> 모든 새를 그 종류대로 창조하시니 하나님이 보시기에 좋았더
> 라 하나님이 그들에게 복을 주시며 이르시되 생육하고 번성하
> 여 여러 바닷물에 충만하라 새들도 땅에 번성하라 하시니라 창
> 1:20-22

생물을 만드시면서 하나님은 몇 가지 반복적인 표현을 하셨다. '번성하라', '복을 주셨다', '각기 종류대로 만드셨다'가 그것이다. 이것은 무엇을 뜻하는가? 하나님이 풍성함을 우리에게 주셨다는 의미다. 창조주 하나님은 인간들에게 가장 좋은 것을 주시기 위해 만드신 생물들에게 번성하라고 선포하셨다. 하나님의 열심은 사람을 창조하실 때도 동일했다.

> 하나님이 그들에게 복을 주시며 하나님이 그들에게 이르시되

생육하고 번성하여 땅에 충만하라, 땅을 정복하라, 바다의 물고
기와 하늘의 새와 땅에 움직이는 모든 생물을 다스리라 하시니
라 창 1:28

첫 번째 사람 아담을 지으신 후 하나님은 "번성하라", "땅에 충
만하라"고 말씀하시며 복을 주셨다. 그리고 이 땅의 씨 맺는 모든
채소와 씨 가진 열매 맺는 모든 나무를 사람의 먹을거리로 주셨다
(29절). 하나님은 닷새 동안 만들어 놓은 모든 것들을 사람이 다스
리고 관장하며 살라고 하셨다. 이분이 우리의 하나님이다. 그러므
로 지금 이해할 수 없는 고난과 어려움을 당했다면 "보시기에 심히
좋았더라"는 말씀처럼 그 마지막은 아름답게 회복될 것임을 믿기
바란다. 요한복음에는 주님이 이 땅에 오신 이유가 소개되어 있다.

내가 문이니 누구든지 나로 말미암아 들어가면 구원을 받고 또
는 들어가며 나오며 꼴을 얻으리라 도둑이 오는 것은 도둑질하
고 죽이고 멸망시키려는 것뿐이요 내가 온 것은 양으로 생명을
얻게 하고 더 풍성히 얻게 하려는 것이라 요 10:9-10

예수님은 우리에게 생명을 주셨을 뿐만 아니라 우리 삶을 더 풍
성하게 하기 위해 오셨다. 주님은 저주와 멸망 가운데 있는 우리에
게 영원한 생명을 주셨고, 그 생명을 가지고 하늘의 복을 풍성히

누리며 살도록 해주셨다.

  그래서 창조의 하나님은 선하신 분이다. 그리고 선하신 하나님을 믿는 것이 신앙이다. 하나님의 선하심을 믿기 때문에 우리는 오늘도 하나님 앞에 나와서 예배를 드리고, 삶의 모든 문제를 쏟아내어 하나님의 도우심을 간구한다. 이처럼 창조주 하나님에 대한 분명한 인식과 확신이 있을 때 우리의 신앙은 예수님 방향으로 노선이 분명해지고 삶의 자세가 달라지게 된다.

창조주 하나님

말씀하시는 분이다

하나님은 말씀으로 창조하셨다. 삶의 현장에서 일어나는 모든 치열한 문제는 하나님의 말씀 안에 놓아야 해결 받을 수 있다. 혹시 오랜 시간 붙들고 있는 문제가 있는가? 하나님 말씀에 순종하고 하나님을 신뢰하라. 그때 우리는 기적의 주인공이 될 수 있다.

전능하신 분이다

하나님은 못하실 것이 없는 전능하신 분이다. 전능하신 하나님을 믿는다면 내 삶에 어려움이 닥쳤을 때 '나는 할 수 없어도 하나님은 하실 수 있다', '내게는 답이 없지만 하나님께는 답이 있다'는 신앙의 자세로 변화되어야 한다. 그때 하나님의 역사를 경험하는 주인공이 된다.

선하신 분이다

선하신 하나님을 믿는 것이 신앙이다. 하나님의 선하심을 믿기 때문에 우리는 오늘도 하나님 앞에 나와서 예배를 드리고, 삶의 모든 문제를 쏟아 내며 하나님의 도우심을 간구할 수 있다.

chapter 2

축복하심

인생을 비워야
하나님이 채우신다

네가 복이 될 것이다

창세기 12장은 하나님이 아브라함을 부르시는 이야기다. 하나님께서 아브라함을 선택하시고 믿음의 조상으로 세우실 때 그에게 첫 번째 하신 말씀은 "내가 네게 복을 주겠다"였다.

> 내가 너로 큰 민족을 이루고 네게 복을 주어 네 이름을 창대하
> 게 하리니 너는 복이 될지라 창 12:2

하나님은 아브라함에게 '너는 복이 될지라'고 축복하셨는데, 이는 아브라함 개인만 누리는 복을 주겠다는 것이 아니라, 아브라함

이라는 사람 자체가 복이 되어 다른 이들에게 복을 흘려보내는 통로와 복의 씨앗으로 삼겠다는 의미다. 이것이 하나님의 부르심의 약속이다.

이처럼 하나님은 우리에게 얼마나 복을 주고 싶어 하시는지 모른다. 그런데 왜 우리는 복을 받지 못하는가? 언제든지 복 주기 원하시는 하나님을 신뢰하지 않기 때문이다. 당신은 하나님이 복 주시는 분임을 믿는가? 당신이 믿는 하나님이 당신에게 복 주시기를 기뻐하는 분이라고 확신하는가? 성도는 이 질문에 분명하게 대답할 수 있어야 한다.

한국교회는 성도가 하나님께 복을 구하고 복 받기를 소망하는 것을 기복주의로 매도하는 경향이 있다. 그래서 복을 구하는 기도를 하면 매우 천박하고 저급하다고 몰아붙인다. 기복신앙은 분명히 경계해야 하지만, 하나님의 백성에게 복 주시는 분이 하나님이심을 부정하는 것도 경계해야 한다.

성경은 하나님의 복을 말할 때 영적인 복만 말하지 않는다. 물질의 복도 포함한다. 2절에서 '내가 네게 복을 주겠다'고 하셨는데 통상적으로 '복'은 '베라카'(בְּרָכָה)이지만, '복을 주신다'고 할 때는 '바라크'(בָּרַךְ)를 사용한다. 이 두 단어는 사람에게 주시는 '복'을 말할 때 구약성경에만 500번 이상 사용될 만큼 자주 쓰였다. 특별히 '바라크'는 굉장히 넓은 의미로 쓰여서 '복 주신다', '성공하게 한다', '번영하게 한다', '생산하게 한다', '풍요롭게 한다', '장수하게 한다'

등 다양한 의미를 포함한다. 따라서 '복'은 영적인 의미뿐 아니라 이 땅에서 누리는 부요와 풍요, 장수와 번영까지 포함한다. 그래서 복 주시는 하나님에 대한 확신이 없으면 하나님의 복을 내 것으로 누리며 살 수 없다. 복은 믿고 구할 때 누릴 수 있다.

내가 유학생활을 하던 당시는 한국 유학생들이 그리 많지 않았다. 사람들은 내가 유학을 떠난다고 부러워했지만, 나는 첫날부터 아직 귀에 익지 않은 영어 수업을 어떻게 알아듣는 척하며 시간을 보낼까 걱정해야 했다. 낯선 환경에서 익숙지 않은 언어로 공부하고 생활하는 것이 여간 힘든 일이 아니었다. 내 자신이 초라하고 위축되어서 사람 만나는 것도 싫고 밖에 나가는 것도 두려워서 혼자 방에 틀어박혀 있고만 싶었다. 21층 원룸의 내 방에서 창을 통해 밖을 내다보고 있노라면 어느새 눈물이 볼을 타고 흐르곤 했다. 감수성 예민한 사춘기 소년도 아니고 한국에 사랑하는 가족을 두고 온 어엿한 가장이었음에도 외로워서 견딜 수가 없었다.

원룸에서 라과디아 공항이 보였다. 비행기가 1분마다 한 대씩 뜨고 내리는 곳이었다. 밤에 창밖으로 이륙하는 비행기의 엔진에서 불꽃이 뿜어져 나올 때면 '저거 타면 집에 가는데 왜 여기서 고생하고 있나' 싶어 눈물이 흘렀다. 그때 내게 힘을 준 말씀이 역대상 29장 12절이었다.

부와 귀가 주께로 말미암고 또 주는 만물의 주재가 되사 손에

권세와 능력이 있사오니 모든 사람을 크게 하심과 강하게 하심

이 주의 손에 있나이다 대상 29:12

'하나님이 작디작은 나를 강하고 크고 능력 있게 하시며, 부와 귀가 주께로 말미암는다'는 말씀이 위로가 된 것이다. 여기서 '부' 는 '오쉐르'(עֹשֶׁר)로 '부자', '재물'을 뜻한다. '귀'는 '카보드'(כָּבוֹד)로 '풍요로움 중에 영광스러움'이란 뜻이다. 풀어 보면, 우리를 영화롭게, 영광스럽게, 존귀하게 하는 것이 하나님에게서 온다는 뜻이다.

성경은 이처럼 절대로 영적인 복과 영광만을 말하지 않는다. 재물도, 세상의 영화와 영광도 하나님에게서 온다. 이것을 영어성경에서는 "Both riches and honor come from you"(Chronicles 29:12, ESV)라고 번역했다. 여기서 'you'는 하나님이다. 하나님 당신으로부터 재물과 영광이 온다는 뜻이다. 하나님은 이 땅을 살아가는 우리에게 모든 필요를 넉넉하고 풍요롭게 채워 주시는 분이다. 하나님은 축복하시는 분이다. 그렇다면 하나님이 아브라함에게 주신 복은 무엇인가?

내가 너로 큰 민족을 이루고 네게 복을 주어 네 이름을 창대하

게 하리니 너는 복이 될지라 너를 축복하는 자에게는 내가 복

을 내리고 너를 저주하는 자에게는 내가 저주하리니 땅의 모든

족속이 너로 말미암아 복을 얻을 것이라 하신지라 창 12:2-3

첫 번째 복은 '너로 큰 민족을 이루게 하겠다'는 것이다. 이것은 아브라함을 통해 '네 후손이 크게 번성하게 하겠다'는 약속이자 '믿음의 백성을 번성시키겠다'는 뜻이다. 다른 말로 하면 하나님 나라를 확장하겠다는 의미다.

두 번째 복은 '네 이름을 창대하게 하겠다'는 것이다. 여기서 창대하다는 말은 '위대해지게 하겠다'는 뜻이다. 인간이 바벨탑을 쌓은 것은 하나님처럼 되려는 욕심에서 비롯되었다. 즉 우리에게는 스스로 위대해지고 창대해지고자 하는 욕망이 근본적으로 내재해 있다. 그런데 하나님은 그 바벨탑을 무너뜨리셨다. 그리고 지금 아브라함에게 '내가 너를 창대하게 하겠다'고 말씀하신다. 창대해지는 것은, 우리의 힘과 노력이 아니라 하나님이 복을 주셔야만 누릴 수 있는 것이다.

세 번째 복은 하나님께서 아브라함을 '복의 덩어리로 삼으셨다', '아브라함 자체가 복이 되게 하겠다'고 약속하신 것이다. 축복의 수혜자일 뿐 아니라 사람들에게 복을 나누어 주는 복의 통로, 복의 씨앗이 되게 하겠다는 말이다. 이처럼 아브라함이 받은 복은 우리가 감히 상상할 수 없을 정도로 엄청나다. 나를 통해 우리의 가문이 복을 받고, 나를 통해 공동체가 복을 받고, 내가 머무는 곳에서 나를 통해 하나님의 복이 흘러간다니, 참으로 가슴 뛰는 일이지 않은가?

네 번째 복은, '너를 축복하는 자에게는 내가 축복하고 너를 저주하는 자에게는 내가 저주하겠다'는 것이다. 하나님이 우리의 안녕을 책임져 주시겠다는 약속이다. '그 어떤 누구도 우리를 해치지 못하게 지켜 주시겠다'는 약속이다.

이 네 가지 어마어마한 복은 아브라함이 하나님께 구해서 받은 것이 아니다. 아브라함은 이런 복을 받을 만한 자격도 능력도 없는 사람이었다. 그럼에도 불구하고 아브라함이 이런 복을 누리게 된 것은 조건 없이 부어 주신 하나님의 은혜 때문이다. 우리 역시 어떤 합당한 자격과 조건을 갖추고 있어서 하나님의 백성이 된 것이 아니다. 허물 많고 실수가 많은 우리를 일방적으로 선택하셔서 하나님의 자녀로 삼아 주셨을 뿐이다. 그런 의미에서 이 복은 아브라함에게만 국한된 것이 아니라 아브라함의 영적 후손인 우리에게도 주어진 복이다. 이 사실을 베드로가 깨닫고 기쁨과 감사의 고백을 했다.

> 우리 주 예수 그리스도의 아버지 하나님을 찬송하리로다 그의 많으신 긍휼대로 예수 그리스도를 죽은 자 가운데서 부활하게 하심으로 말미암아 우리를 거듭나게 하사 산 소망이 있게 하시며 썩지 않고 더럽지 않고 쇠하지 아니하는 유업을 잇게 하시나니 곧 너희를 위하여 하늘에 간직하신 것이라 벧전 1:3-4

아무런 자격이 없던 아브라함을 선택하셔서 복의 근원으로 삼아주신 것처럼 성도는 예수 그리스도 때문에 거듭난 하나님의 자녀다. 하나님의 은혜로 우리는 산 소망을 가지게 되었다. 그래서 베드로의 찬송과 감사는 하나님께서 약속한 모든 것이 우리의 것이 되게 하셨고, 믿음의 조상 아브라함이 받았던 복이 우리의 복이 되게 해주신 데 대한 찬송이고 감사다. 그렇다면 우리는 이 복을 어떻게 나의 것으로 만들 수 있을까? 창세기 12장에서 나타난 3개의 핵심 단어를 통해 살펴보자.

청산 :
삶의 모든 철학에서 떠나라

> 여호와께서 아브람에게 이르시되 너는 너의 고향과 친척과 아
> 버지의 집을 떠나 내가 네게 보여 줄 땅으로 가라 창 12:1

하나님이 지시하신 땅으로 가라는 말은 지금까지 정들었던 고향 땅을 떠나 이주하라는 의미다. 이것은 내게 익숙한 삶의 습관과 환경, 가치관 등 옛 삶을 청산하고 떠나라는 뜻이다. 하지만 옛 삶을 떠나는 것은 결코 쉽지 않다. 아브라함에게 갈대아 우르를 떠나는 일은 굉장히 힘든 명령이었다.

고고학자들이 갈대아 우르를 발굴하고 나서 몹시 놀랐는데, 아브라함이 살던 시대의 갈대아 우르는 2층 집을 짓고 살 정도로 발달한 문명을 가지고 있었고, 도서관과 학문을 깊이 탐구할 수 있는 대학도 있었다고 한다. 더 놀라운 것은, 비데 같은 위생시설까지 갖추고 있었다는 것이다. 갈대아 우르는 한마디로 편안하고 윤택한 삶이 보장된 곳이었다.

이렇게 상상도 할 수 없을 만큼 발달한 도시를 떠나라는 하나님의 명령을 듣고 아브라함은 쉽게 결단하지 못했을 것이다. 그럼에도 하나님이 떠나라고 한 것은 그것과는 비교할 수 없는 복을 아브라함에게 주시기 위해서다.

누구든지 인생이라는 그릇을 가지고 있다. 이 인생의 그릇에는 지금까지 살아온 경험과 스토리가 담겨 있다. 뿐만 아니라 나의 지식, 나의 습관, 나의 행실까지 담겨 있다. 하나님은 아브라함에게 복 주시기 위해 이 인생의 그릇을 비우라고 말씀하신다. 온갖 것이 들어 있는 인생의 그릇을 비우면 거기에 하나님의 복을 채워 주시겠다는 것이다.

그런데 과연 인생의 그릇을 비우기가 쉬울까? 누구든지 '어떻게 살아온 인생인데, 얼마나 정이 들었는데, 얼마나 익숙한 것들인데' 하며 미련을 떨쳐내지 못한다. 하지만 이 옛 삶을 청산하지 않는 한 복을 빌고 성공을 기원하며 형통함을 구해도 복을 누릴 수 없다. 예수와 상관없을 때 가졌던 습관과 가치관, 삶의 방식을 그대로 고수하는 한, 하나님이 주시는 복을 누릴 수 없다.

예수를 믿는다면서 이사할 때 길일을 받고 가구를 배치할 때도 동쪽이니 서쪽이니 하며 따지는 사람이 있다. 그러나 하나님이 주시는 복을 누리며 살기 원한다면 옛 삶을 떠나야 한다. 우리는 하나님과 새로운 관계를 맺어 신분이 바뀐 사람들이기 때문이다.

로마서 1-11장은 과거 우리 모습이 어떠했으며, 예수님을 믿고 나서 우리의 신분이 어떻게 변했는지를 아주 이론적으로 잘 설명해 놓았다. 그리고 12-16장은 그렇기 때문에 구원 받은 자가 어떻게 살아야 하는지에 대해서 설명한다.

> 너희는 이 세대를 본받지 말고 오직 마음을 새롭게 함으로 변화를 받아 하나님의 선하시고 기뻐하시고 온전하신 뜻이 무엇인지 분별하도록 하라 롬 12:2

구원받은 자라면 이 세대를 본받지 말라고 하신다. 여기서 말하는 '이 세대'는 에베소서 4장 22-24절에 잘 기록해 놓았다.

> 너희는 유혹의 욕심을 따라 썩어져 가는 구습을 따르는 옛 사람을 벗어 버리고 오직 너희의 심령이 새롭게 되어 하나님을 따라 의와 진리의 거룩함으로 지으심을 받은 새 사람을 입으라 엡 4:22-24

'썩어져 가는 구습', 즉 예수 그리스도와 관계를 맺기 전에 우리가 가졌던 모든 삶을 성경은 구습이라고 말한다. 이 구습을 벗어던질 때, 즉 옛 삶의 가치와 습관에서 벗어날 때 하나님이 주시는 복을 누릴 수 있다

놀랍게도 하나님이 쓰신 사람들에게는 공통적인 영적 공식이 발견된다. 그것은 '떠나라', '청산하라'는 하나님의 요구에 순종한 것이다. 구약뿐만 아니라 예수님이 제자들을 불러 하나님 나라의 역사를 이루어 가실 때도 이렇게 말씀하셨다.

> 말씀하시되 나를 따라오라 내가 너희를 사람을 낚는 어부가 되
>
> 게 하리라 하시니 마 4:19

예수님은 갈릴리 바다에서 그물을 던지며 어부로 살던 뱃사람들을 하나님 나라의 위대한 도구로 쓰시고자 "나를 따라오라"고 하셨다. 내가 있던 삶의 자리, 삶의 방식, 삶의 가치를 버리고 예수님을 따라오라는 말씀이다. 그렇다면 내가 떠나야 할 갈대아 우르는 어디인가? 내가 버려야 할 옛 삶은 무엇인가? 예수를 믿고 하나님의 자녀 된 자격으로 예배를 드리지만 아직 청산하지 못한 나의 옛 삶은 무엇인가? 그것을 버려야만 한다.

예수를 믿고 집사가 되고 장로가 되어도 여전히 거짓을 말하고, 육신의 정욕을 추구하며, 탐욕을 내려놓지 못하고 있다면, 하나님

이 주시는 복의 주인공이 될 수 없다.

이에 아브람이 여호와의 말씀을 따라갔고 롯도 그와 함께 갔으
며 아브람이 하란을 떠날 때에 칠십오 세였더라 창 12:4

'아브람이 여호와의 말씀을 따라갔다'는 말은 아브라함이 순종
했다는 뜻이다. 순종은 자기 포기다. 나를 내려놓을 때 하나님 말씀
에 순종할 수 있다. 그래서 순종 앞에는 언제나 '온전함'이라는 수
식어가 붙어 다닌다. 말씀을 온전하게 따를 때 하나님이 기뻐하시
기 때문이다.

그런데 우리는 협의적 순종, 적당한 순종으로 적당히 타협하려
고 할 때가 많다. "하나님 제가 이만큼만 하면 안 되겠습니까?", "그
것을 다 따라야 합니까?", "이만큼만 해도 다른 사람들보다는 낫지
않습니까?" 하는 것이다. 그러나 성경은 그것을 순종이라고 말하지
않는다. 순종은 100퍼센트이지 99퍼센트가 아니기 때문이다.

18K, 14K와 24K는 그 값어치에서부터 다르다. 순금에 1퍼센트
의 이물질만 섞여도 더이상 순금이 아니다. 이처럼 적당한 순종으

로는 하나님의 복을 누릴 수 없다. 아브라함의 생애를 보라. 창세기 12장은 아브라함이 하란에서 하나님의 부르심을 받은 이야기다. 아브라함은 갈대아 우르에서 떠나긴 했으나 가나안 땅으로 곧장 가지 않고 중간 기착지인 하란에 머물러 있었다. 하란에 머문 아브라함의 상황을 성경은 이렇게 말한다.

> 데라가 그 아들 아브람과 하란의 아들인 그의 손자 롯과 그의 며느리 아브람의 아내 사래를 데리고 갈대아인의 우르를 떠나 가나안 땅으로 가고자 하더니 하란에 이르러 거기 거류하였으며 데라는 나이가 이백오 세가 되어 하란에서 죽었더라 창 11:31-32

하란까지 오는 여정을 주도한 사람은 아브라함의 아버지 데라였다. 이들은 갈대아 지역을 완전히 벗어나지 못한 채 변방인 하란에 머물러 있었다. 이처럼 아브라함의 순종은 적당한 순종으로 진행되고 있었다. 그런데 재밌게도 '하란'은 '바싹 그을리다', '새까맣게 타 버리다', '낭비하다', '허비하다'란 의미를 가지고 있다. 하란이 품고 있는 도시의 의미처럼 아브라함은 그곳에서 세월을 허비했다. 하나님이 주시는 복을 받아 누릴 수 있는 상당한 세월을 놓친 채 그곳에 있는 동안 풍요로운 삶을 산 것이 아니라 바싹 말라 건조한 삶을 살았던 것이다.

그런데 하란에서 아버지 데라가 죽는다. 데라가 죽은 것은 나이 많아 자연사한 것이라기보다는 아브라함이 가야 할 순종의 길에 아버지 데라가 걸림돌이 되자 하나님이 그를 불러 간 것이 아닐까 한다. 데라의 죽음으로 아브라함은 행진의 주도권을 쥐게 되었고, 마침내 가나안을 향해서 순종의 길을 가게 되었다. 이처럼 온전한 순종이 이루어지지 않은 시간은 낭비요, 건조하며, 길바닥에 버려진 인생과 같다. 아버지 데라의 죽음으로 눈물을 흘려야 하는 슬픔의 시간일 뿐 하나님의 복을 누리는 시간이 아니었다.

하나님은 100퍼센트의 온전한 순종을 요구하신다. 따라서 성도는 이 핑계 저 핑계 대며 적당하게 신앙생활을 하면 안 된다. 하나님은 온전한 순종 위에 복을 주신다. 이것은 우리의 헌금 생활에서도 잘 나타난다.

> 만군의 여호와가 이르노라 너희의 온전한 십일조를 창고에 들여 나의 집에 양식이 있게 하고 그것으로 나를 시험하여 내가 하늘 문을 열고 너희에게 복을 쌓을 곳이 없도록 붓지 아니하나 보라 만군의 여호와가 이르노라 내가 너희를 위하여 메뚜기를 금하여 너희 토지 소산을 먹어 없애지 못하게 하며 너희 밭의 포도나무 열매가 기한 전에 떨어지지 않게 하리니 너희 땅이 아름다워지므로 모든 이방인들이 너희를 복되다 하리라 만군의 여호와의 말이니라 말 3:10-12

믿어지는가? 십일조를 드리면 '쌓을 곳이 없도록 복을 주겠다'고 하신다. 우리의 소유를 빼앗기지 않도록 하고 우리의 땅이 아름다워지게 하겠다고 하신다. 그런데 여기서 중요한 단어가 눈에 띈다. 바로 '온전한'이라는 단어다. 이스라엘 백성은 하나님 앞에 십일조의 행위는 했지만 온전하지는 않았다. 그래서 하나님은 그들을 엄히 책망하셨다. 비록 그들이 하나님 앞에 바치는 행위를 취했지만 저는 것, 눈먼 것, 병든 것을 갖다 바치면서 "이만큼이라도 했으니 안 한 사람보다 낫지 않아요?" 하는 적당한 순종, 협의적인 순종을 했기 때문이다.

'온전함'은 '콜'(כֹּל)로 '전체'라는 의미가 있다. 1에서 10까지 어느 한 토막을 잘라내는 것이 아니라 '통째로 전부 다'라는 뜻이다. 이것이 온전하다는 의미다. '온전한 예배를 드린다', '온전한 십일조를 바친다'고 할 때 '온전한'은 마음의 상태뿐만 아니라 전체 양까지 포함하는 의미인 것이다.

어중간한 헌신은 도리어 우리 삶을 피곤하고 힘들게 만든다. 온전한 예배자의 삶을 살자! 온전하게 주일을 성수하자! 이것이 하나님이 주시는 복을 누리며 사는 비결이다.

예배 :
예배자로 살라

아브람이 그 땅을 지나 세겜 땅 모레 상수리나무에 이르니 그
때에 가나안 사람이 그 땅에 거주하였더라 창 12:6

하나님이 주신 땅에 들어가자, 그 땅에 가나안 사람들이 있었다.
가나안 사람들은 아브라함이 하나님을 마음껏 예배하는 것을 반대
했다. 그들은 아브라함이 하나님의 약속을 붙들고 살아가는 것을
비웃고 조롱했다. 아브라함에게 가나안 사람들은 장애물과 같은
존재였다.

특별히 6절에서 '세겜 땅 모레 상수리나무'를 언급하고 있다. '모
레'란 '점집', '점쟁이'라는 뜻이고, 상수리나무는 당시 이방 종교를
섬기며 매우 음란한 행위를 하던 장소를 의미한다. 그러므로 이 말
씀을 풀어 보면, '하나님이 지시하신 땅에 들어갔는데 거기는 온갖
점쟁이들과 우상을 섬기는 음란한 문화가 창궐한 곳이었다'가 된
다. 이는 곧 아브라함이 하나님만 붙들고 살아가는 신앙의 삶을 살
기가 참으로 어려운 환경이었다는 것이다. 그러나 아브라함은 하
나님을 예배하는 것을 포기하지 않았다.

여호와께서 아브람에게 나타나 이르시되 내가 이 땅을 네 자

손에게 주리라 하신지라 자기에게 나타나신 여호와께 그가 그
곳에서 제단을 쌓고 거기서 벧엘 동쪽 산으로 옮겨 장막을 치
니 서쪽은 벧엘이요 동쪽은 아이라 그가 그곳에서 여호와께 제
단을 쌓고 여호와의 이름을 부르더니 점점 남방으로 옮겨갔더
라 창 12:7-9

하나님을 예배하기 힘든 환경이었지만 그럼에도 불구하고 아브
라함은 동쪽이든 서쪽이든 가는 곳마다 제단을 쌓고 예배를 드리
며 여호와의 이름을 불렀다. 여기서 '부르다'는 '선포하다'라는 뜻
이다. 아브라함은 가나안 사람들을 피해서 도망가고 그들 때문에
하나님 예배하기를 미룬 것이 아니라, 오히려 그 가운데서 하나님
을 예배하고 그들을 향해서 복 주시는 하나님을 선포하고 드러냈
다. 이것이 아브라함의 신앙이다.

하나님은 우리에게 '너희가 살고 있는 이 세상은 온전히 예배하
지 못하도록 장애물들이 가득 널려 있다'고 말씀하신다. 그리고 '세
상 사람들은 너희가 예배하도록 박수를 치며 후원하지 않을 것이
다'라고 말씀하신다. 이처럼 세상의 제도와 시스템은 우리가 하나
님을 예배하며 살지 못하도록 온갖 장애물을 친다. 그러나 아브라
함이 장애를 뚫고 그의 걸음이 닿는 곳마다 하나님을 예배했던 것
처럼, 우리도 하나님을 예배하며 그들을 향해 여호와의 이름을 증
거하고 선포할 때 하나님의 복을 누리며 살 수 있다.

당신은 어떤가? 아브라함처럼 예배 중심의 삶을 살고 있는가? 혹시 예배 중심의 삶을 살지 못하고 있다면 그 이유가 무엇인가? 사람들은 환경을 탓하고 바쁜 직장생활 내지는 가족의 반대를 탓한다. 하지만 아브라함이 이런 척박한 환경에서도 예배의 제단을 쌓았음을 기억하라.

탓하고 변명하려 들면 우리를 둘러싼 모든 환경이 예배를 드릴 만하지 못하다. 어떤 환경이라도 아브라함처럼 예배를 드리는 삶을 살자. 예배가 내 삶의 중심이 될 뿐만 아니라 자녀 또한 예배 중심의 삶을 살도록 가르치자. 주일이면 학원을 가느라 예배에 나오지 못하는 청소년들이 있다. 그렇게 해서 세상적인 성공을 한들 하나님을 알지 못하게 된다면 허탄하고 허무한 것이 될 뿐이다.

아브라함은 갈대아 우르를 떠나면서 혼자가 아니었다. 아버지 데라와 조카 롯도 함께 떠났다. 하지만 이들이 모두 하나님의 복을 누린 것은 아니다. 데라는 하란에서 죽었고, 롯은 아브라함을 따라 가나안에 들어왔으나 요단 동쪽 땅을 탐하다가 소돔과 고모라가 멸망할 때 겨우 목숨만 부지하는 신세가 되었다.

하나님의 복을 누린 사람은 아브라함과 그 가족뿐이었다. 이제 복 주시는 하나님이 나의 하나님이 되기 위해 날마다 과거의 삶을 청산하고 하나님께 순종하며 예배자로 살기 바란다. 그러면 하나님이 하늘의 문을 여시고 약속하신 복으로 넘치게 채워 주실 것이다.

내가 있던 삶의 자리, 삶의 방식,

삶의 가치를 버리고 예수님을 따르라.

내가 떠나야 할 갈대아 우르는 어디인가?

아직 청산하지 못한 나의 옛 삶은 무엇인가?

그것을 버려야만 한다.

축복하시는 하나님

네가 복이 될 것이다

성경은 하나님의 복을 말할 때 영적인 복만 말하지 않는다. 물질의 복도 포함한다. 하나님은 복 주시는 분이다. 아브라함은 복을 받을 만한 자격과 능력이 없었지만 조건 없이 부어 주신 하나님의 은혜 때문에 누릴 수 있었다. 우리 역시 허물과 실수가 많지만 하나님의 자녀이기 때문에 누릴 수 있다. 이것이 아브라함의 영적 후손인 우리에게 주어진 복이다.

축복의 조건 1_ 청산

누구든지 인생이라는 그릇을 가지고 있다. 이 인생의 그릇에는 지금까지 살아온 경험과 스토리가 담겨 있다. 뿐만 아니라 나의 지식, 나의 습관, 나의 행실까지 담겨 있다. 하나님은 복 주시기 위해 이 인생의 그릇을 비우라고 말씀하신다. 온갖 잡다한 것이 들어 있는 인생의 그릇을 비우지 않으면 하나님의 복을 채울 수 없기 때문이다.

축복의 조건 2_순종

순종은 자기 포기다. 나를 내려놓을 때 하나님의 말씀에 순종할 수 있다. 그래서 순종 앞에는 언제나 '온전함'이라는 수식어가 붙어 다닌다. 적당한 순종은 하나님을 기쁘시게 하지 못한다. 온전하게 순종하는 자녀에게 하나님은 복을 주신다.

축복의 조건 3_예배

세상의 제도와 시스템은 우리가 하나님을 예배하며 살지 못하도록 온갖 장애물을 친다. 그러나 아브라함이 그의 걸음이 닿는 곳마다 하나님을 예배했던 것처럼, 우리도 하나님을 예배하며 그들을 향해 여호와의 이름을 증거하고 선포해야 한다. 그럴 때 하나님의 복을 누리며 살 수 있다.

chapter 3

건져 내심

하나님은 삶을 강타한
고난을 해결하신다

모든 사람은 꿈을 가지고 살아간다. 학생들은 자신이 이루고픈 꿈을 안고 학창시절을 보내고, 사업가는 사업을 통해 이룩할 수익을 바라보며 회사를 경영한다. 가정주부들은 자녀와 남편의 밝은 미래를 꿈꾸며 가정 경제를 이끌어 간다. 목회자들은 하나님의 뜻이 이뤄지는 교회를 꿈꾸며 목회를 한다. 이처럼 모든 사람은 크고 작은 꿈을 가지고 살아간다. 하지만 꿈꾸는 사람은 많아도 그 꿈을 이루는 사람은 많지 않다. 그만큼 꿈을 이루는 일이 녹록치 않기 때문이다.

꿈은 막연하게 바라보아선 이뤄지지 않는다. 현실이라는 숱한 도전과 시련의 무대를 통과해야 성취될 수 있다. 그리고 꿈을 향해

나아가는 사람들의 발목을 붙잡는 어려운 현실을 믿음으로 헤쳐
나갈 때 꿈은 이루어질 수 있다.

누구든지 예수를 믿으면 그 믿음으로 구원 받고 하나님의 자녀
가 된다. 하나님의 자녀가 되는 것은 믿음 하나로 충분하다. 믿음으
로 우리는 천국까지 소유하게 되었다. 그러나 구원 받았다고 해서
현실의 삶에서 만나게 되는 여러 가지 시험과 시련을 모두 피해 갈
수 있다는 의미는 아니다. 그러므로 믿음으로 인내하며 삶에 닥친
문제들을 묵묵히 통과하면 승리하게 되지만, 거기서 걸려 주저앉으
면 실패하게 된다. 아브라함에게도 현실의 삶은 만만하지 않았다.

두려워하지 말고 예배자로 살라

> 그 땅에 기근이 들었으므로 아브람이 애굽에 거류하려고 그리
> 로 내려갔으니 이는 그 땅에 기근이 심하였음이라 창 12:10

하나님이 아브라함에게 주겠다고 약속한 그 땅에 기근이 들었다.
아브라함이 모든 것을 희생하고 하나님이 주신 소망 하나만 바라보
며 찾아온 그 땅에 기근이 든 것이다.

하나님의 말씀만 믿고 약속의 땅에 들어왔다면, 이제부터 풍요
와 기쁨과 만족의 삶이 펼쳐져야 하지 않겠는가? 그런데 기근이라

는 기가 막힌 현실에 맞닥뜨린 것이다.

이렇듯 약속의 땅에도 기근이 들 수 있고, 약속의 사람들도 기근을 만날 수 있다. 그러나 보통 기근이 아니었다. 얼마나 극심했으면 삶의 터전을 버리고 애굽으로 가야 했겠는가. 생명과 생존을 위협하는 기근인 것이다. 게다가 기근은 우리가 예비할 수 있도록 예고하고 오지 않는다. 갑자기, 순식간에, 불쑥 온다. 우리는 여기서 하나님의 사람이라도 약속의 땅에서 생명의 위협을 느낄 만한 기근을 갑자기 만나게 된다는 사실을 배우게 된다.

그런데 우리는 예기치 못한 극심한 기근을 만나면 몹시 당황한다. '여기가 약속의 땅이 아닌 건가, 내가 무슨 잘못을 저질렀나, 하나님이 나를 버리셨는가' 하며 흔들린다. 하나님이 가라 해서 떠나왔을 뿐인데 이런 일을 당했으니 모든 것이 의심스럽다. 야고보는 이런 시험에 대해 이렇게 말한다.

> 내 형제들아 너희가 여러 가지 시험을 당하거든 온전히 기쁘게
> 여기라 이는 너희 믿음의 시련이 인내를 만들어 내는 줄 너희
> 가 앎이라 약 1:2-3

"너희가 여러 가지 시험을 당하거든"은 가정법이다. '아직 시험을 만나지 않았지만, 앞으로 시험을 만난다면'이라는 뜻이다. 헬라어에서는 가정법이 4단계로 아주 세분화되어 있다. "너희가 여러

가지 시험을 당하거든"은 1단계 가정법인데, 1단계 가정법은 반드시 일어날 상황에 대해서 미리 가정해서 말할 때 쓰인다. 다시 말해서 지금은 만나지 않았지만 조금 후에 반드시 경험하게 될 일을 말할 때 쓰인다. 하나님이 가라고 하신 약속의 땅에 들어갈지라도 시험은 반드시 따라온다는 뜻이다.

이런 상황을 만났을 때 성도는 어떻게 반응해야 하는가? 야고보는 시험을 만나거든 "온전히 기쁘게 여기라"고 도전한다.

하지만 아브라함은 너무 당황해서 애굽으로 피했다. 그런데 설상가상으로 그곳에서 아내 사라를 바로 왕에게 뺏길 뻔한 더 큰 위험을 만나게 된다. 이때 하나님이 직접 개입하신다. 당황한 아브라함을 위해 하나님이 나서서 문제를 해결해 주신 것이다.

기근이 찾아온 가나안 땅은 하나님이 계시지 않는 곳처럼 보였다. 살기 위해 찾아간 애굽 땅에선 하나님이 침묵하시는 것 같았다. 기근 중에 있을 때 아브라함과 하나님은 전혀 상관이 없는 분 같아 보였다. 하지만 하나님은 아브라함이 당한 위기의 현장에 불쑥 나타나서 그를 도와주셨다. 하나님은 기근 중에도 함께하셨고, 애굽에서도 침묵하지 않으셨다.

정신을 차릴 수 없을 만큼 두렵고 불안한 일이 있는가? 너무 당황스러운데 하나님은 저 멀리서 침묵하고 있는 것 같은가? 그러나 하나님은 기근 중에나 도망간 애굽에서도 우리와 함께하시며 여전히 우리를 지키고 보호하신다. 다만 내가 당황해서 믿음을 놓치고 있을 뿐이다.

마태복음은 예수님의 이름을 '임마누엘'(Ἐμμανουήλ)이라고 불렀다. 임마누엘은 '하나님이 우리와 함께하신다'는 뜻이다. 한편, 예수님은 3년의 공생애 사역을 마친 뒤 하늘로 승천하시면서 우리를 위해 보혜사 성령님을 보내겠다고 하셨다. 보혜사는 헬라어로 '파라클레토스'(παράκλητος)인데 '돕는 자', '위로자', '변호사'라는 뜻이다. 성령님은 나를 돕고 위로하며 변론하시는 분이라는 것이다. 이 하나님을 믿을 때 우리는 극심한 기근을 만나 당황할지라도 믿음을 잃어버리지 않고 오히려 기근을 뚫고 나아갈 수 있다.

H선교사님은 구소련이 붕괴되던 때 러시아 모스크바로 들어가 선교 활동을 시작하신 분이다. H선교사님은 러시아인을 향한 불붙는 사랑 때문에 위험을 무릅쓰고 가족까지 이끌고 러시아로 입성했다.

어느 날 선교사님은 러시아인의 테러를 당해 죽을 뻔한 사건을 만났다. 선교사님을 흠씬 두들겨 패서 길바닥에 시체처럼 갖다 버린 것이다. 더구나 사모님과 어린 자녀들까지 똑같은 일을 당했으니 참으로 위협적이고 공포스런 시간들이었다. 거기에 재정 후원을 충분히 받지 못해 경제적인 어려움까지 겪어야 했다.

참으로 견디기 힘든 시간이었으나 선교사님은 25년이라는 긴 세월 동안 포기하지 않고 선교를 했다. 아브라함이 당한 극심한 기근 같은 상황에서 그는 어떻게 그토록 오랜 시간을 선교사로서 헌신할 수 있었을까?

선교사님은 오직 하나님만 바라보았다. 생명의 위협을 받고 경제적인 기근과 어려움 중에도 그와 함께하시는 하나님을 바라본 것이다. 오직 하나님 한 분만 바라본 그 가정에 하나님은 은혜의 단비를 내려 주셨다. 두 자녀는 미국의 명문대학에서 4년간 전액 장학금과 생활비를 받고 공부하는 복을 누렸고, 사모님은 청소하다 발견한 말라비틀어진 물감으로 그린 그림으로 러시아 공모전에서 1등을 차지했다.

이처럼 극심한 기근 중에도 하나님이 함께하신다는 것을 믿으면 하나님이 개입하셔서 고난을 해결해 주신다.

성경은 기근을 맞아 당황한 아브라함이 저지른 신앙적 실패를 상세하게 기록하고 있다. 왜 이것이 아브라함의 실패인가? 애굽으로 내려갈 결정을 하면서 하나님과 전혀 의논하지 않았기 때문이다.

아브라함은 하란에 머물러 있다가 하나님의 부르심으로 약속의 땅 가나안에 들어간 뒤 제단을 쌓고 하나님께 예배했다(창 12:7-8). 그리고 벧엘과 아이 사이에서도 하나님께 제단을 쌓고 예배했다(창 13:4).

그런데 기근을 만난 상황에서는 아브라함이 하나님께 예배했다는 기록이 없다. 결코 짧지 않은 기간이었을 텐데 말이다. 이를 볼 때 아브라함은 전적으로 자신의 생각과 판단과 지략으로 기근을 피해 보려고 애굽으로 내려간 것이다. 성경이 이런 아브라함의 잘못을 세밀하게 기록해 놓은 이유가 무엇이겠는가? 우리도 아브라함과 같은 잘못을 저지를 수 있기 때문이 아니겠는가? 기근이 찾아왔을 때 당황한 아브라함, 하나님께 의논하지도 않고 애굽으로 도망간 아브라함, 자기 목숨을 부지하겠다고 사라를 누이라 속여 위험에 빠뜨린 아브라함, 이것이 우리 자신이 아닌가?

그렇다면 인생에 기근이 찾아왔을 때 어떻게 해야 할까? 당장 닥친 기근만 보면 무섭고 두렵다. 그러나 하나님 앞에 엎드려 방법을 구하면 하나님이 인생의 기근을 해결해 주신다.

하나님의 언약을 붙들고 살라

> 원하건대 그대는 나의 누이라 하라 그러면 내가 그대로 말미암아 안전하고 내 목숨이 그대로 말미암아 보존되리라 하니라 창 12:13

아브라함이 기근의 때에 취한 행동은 아내 사라의 치맛자락을 붙잡은 것이었다. 아브라함은 자신이 살기 위해 아내 사라를 누이라고 속였다. 그러면 목숨을 보존할 것이라 여겼기 때문이다.

"~로 말미암아"는 히브리어로 '아브르'(עֲבוּר)인데 '그대 때문에'라는 뜻이다. '안전하다'는 히브리어로 '야타브'(יָטַב)인데 '잘되다', '성공하다'라는 뜻이다. 이 말을 풀이하면 '당신 때문에 내가 성공하고 당신 때문에 내가 번영하겠다'는 뜻이다. 아브라함이 세상을 붙들고 세상을 통해서 이 극심한 기근을 극복해 보겠다고 일을 꾸미고 있는 것이다. 아브라함의 계략은 대단히 성공한 것처럼 보였다.

> 이에 바로가 그로 말미암아 아브람을 후대하므로 아브람이 양
> 과 소와 노비와 암수 나귀와 낙타를 얻었더라 창 12:16

아브라함은 아내 사라를 바로 왕에게 준 대가로 많은 재물을 얻었다. 물질로 보면 성공한 것 같았다. 여기서 "그로 말미암아"는 아브라함이 사라에게 "그대로 말미암아"라고 했던 단어와 같다. "후대하므로"도 아브라함이 사라에게 한 말인 '안전하겠다', 즉 '야타브'(יָטַב)로 같은 단어다. 이 말을 풀어 보면 '바로 왕이 사라 때문에 아브라함에게 성공을 주었다'가 된다. 아브라함의 방법이 바로 왕에게 통한 것처럼 보인다. 이것을 '표면적 성공'이라고 말하는데 과연 진정한 성공이었을까?

> 바로의 고관들도 그를 보고 바로 앞에서 칭찬하므로 그 여인을
> 바로의 궁으로 이끌어 들인지라 창 12:15

"이끌어 들였다"의 기본형은 '라카흐'(לָקַח)로 '손아귀에 넣었다'

는 뜻이다. 바로가 사라를 가지게 되었다는 의미인데, 아브라함의 입장에서 보면 사라를 빼앗겼다는 뜻이다. 사라를 빼앗긴 것은 하나님의 축복을 빼앗긴 것과 같다. 하나님은 사라가 낳은 자녀를 통해서만 아브라함을 여러 민족의 아버지로 만들겠다고 하셨다. 그리고 사라를 통해서만 약속의 아들인 이삭이 태어나도록 하겠다고 하셨다(창 17:1-16). 따라서 사라를 빼앗긴 것은 이 축복을 빼앗긴 것과 같다.

아브라함의 어리석음은 진짜 중요한 하나님의 복을 놓치고 세상의 금은보화를 붙든 데 있었다. 아브라함의 이런 모습을 통해 하나님은 우리에게 '너희는 이렇게 살지 말라'고 하신다. "너희는 어떤 기근이 찾아와도, 생명의 위협을 느낄지라도, 기근의 때에도 함께하시는 하나님을 신뢰하고 하나님의 약속을 붙드는 언약의 백성으로 살아가라"고 말씀하신다.

하나님은 아브라함을 향한 원대한 계획이 있었다. 그러나 기근의 때에 아브라함은 하나님의 언약을 잊어버렸다. 더 귀한 언약의 축복은 내다버리고 가치 없는 것을 붙잡으려 했다. 우리 역시 귀한 신앙을 잃어버리고 더 귀한 하나님도 잃어버리고 세상에서 낙타와 금은보화를 더 얻고자 몸부림치고 있지는 않는가? 세상의 금은과 낙타와 암양과 숫양에 눈이 멀어서 하나님이 주시겠다는 복을 포기하지는 않았는가? 기근의 때에도 함께하시는 하나님을 깨닫지 못하면 우리는 이렇게 어리석은 삶을 살게 된다. 하나님의 언약을 버릴 만큼 중요하고 귀한 것은 이 세상에 없다. 하나님의 약속을 붙드는 언약자의 삶을 절대 포기해선 안 된다.

복의 근원자로 살아가라

> 여호와께서 아브람의 아내 사래의 일로 바로와 그 집에 큰 재앙을 내리신지라 창 12:17

바로가 아브라함의 아내인 사라를 아내로 맞으려 하자 하나님이 개입하셔서 그에게 큰 재앙을 내리셨다. 이 장면을 보면 마치 하나님의 위대하심과 역사하심이 대하드라마처럼 스펙터클하고 다이내믹하다.

그러나 이 말씀을 좀 더 자세하게 들여다보면 비극적인 모습이 숨겨져 있다. 바로에게 닥친 재앙은 아브라함의 거짓말 때문이었다. 하나님은 아브라함을 복의 통로로 삼고자 불러내셨건만 지금 아브라함은 오히려 그 반대가 되었다. 고난의 때에도 함께하시는 하나님을 믿지 못했기에 오히려 타인에게 피해를 입히는 가해자가 된 것이다.

> 내가 너로 큰 민족을 이루고 네게 복을 주어 네 이름을 창대하

게 하리니 너는 복이 될지라 너를 축복하는 자에게는 내가 복
을 내리고 너를 저주하는 자에게는 내가 저주하리니 땅의 모든
족속이 너로 말미암아 복을 얻을 것이라 하신지라 창 12:2-3

하나님은 아브라함을 통해 모든 족속이 복을 받도록 복의 통로
가 되게 하셨다. 복이란 '베라카'(בְּרָכָה)로 '복을 주는 것'을 의미한
다. 특별히 "너는 복이 될지라"는 말씀을 개역한글 버전으로 보면
"너는 복의 근원이 될지라"이다. 이것은 우리가 복의 근원이라는
의미가 아니라 우리가 '복의 통로', '복의 덩어리'라는 뜻이다. 이처
럼 하나님은 아브라함을 복의 통로로 부르셨다. 하지만 기근의 때
에도 함께하시는 하나님을 몰랐기에 인간적인 방법으로 위기를 모
면하려다가 오히려 재앙의 진원지가 되고 말았다.

기근의 때, 고난의 때에도 함께하시는 하나님을 알 때 우리는 복
을 나누어 주는 통로가 될 수 있다. 그리고 다른 사람들이 기근의
때를 이길 수 있도록 돕는 축복의 통로로 살아갈 수 있다. 우리는
나 때문에 가족이 고통 받고, 나 때문에 공동체가 시험에 들고, 나
때문에 나라가 어려워지는 재앙의 근원으로 살아서는 안 된다. 하
나님은 나 때문에 가족이 살고, 나 때문에 공동체가 살아나고, 나
때문에 민족이 살도록 부르셨다. 비록 나는 연약하지만 하나님은
나를 통해 모든 민족이 복을 받도록 세워 주셨다.

하나님은 나 혼자 잘살아도 되는 존재로 우리를 짓지 않으셨다.

나 한 사람 때문에 그 누군가가 행복하고 위로를 받고 잘되는 삶을 살게 하려고 우리를 지으셨다.

기근 중에도 함께하시는 하나님을 예배하며 하나님의 약속을 믿을 때 우리는 하나님을 기쁘시게 하는 축복의 통로가 될 수 있다.

고난 중에 함께하시는 하나님

두려워하지 말고 예배자로 살라

아브라함은 기근을 만났을 때도, 기근을 피해 애굽으로 갔을 때도, 거기서 사라가 위험에 빠졌을 때도 하나님을 찾지 않았다. 그래서 번번이 실패를 거듭했다. 예기치 못한 인생의 기근을 만나 두렵고 불안한가? 인생에 찾아온 기근은 하나님만이 해결하실 수 있다. 하나님을 찾고 하나님 앞에 엎드려 방법을 구하라. 하나님은 기근 중에도, 도망간 애굽에서도 우리와 함께하신다.

하나님의 언약을 붙들고 살라

기근의 때에 아브라함은 하나님의 언약을 잊어버렸다. 하나님의 약속도 내팽개치고 아내 사라를 누이라 속여 목숨을 부지하려 했다. 그는 세상적인 방법으로 어려움을 극복하려 했다. 그리하여 진짜 중요한 하나님의 복을 놓칠 위험에 처했다. 우리 역시 귀한 신앙을 잃어버리고 가치 없는 것을 붙잡으려 하지는 않는가? 아무리 극심한 기근이라도 하나님의 약속을 붙드는 언약자의 삶을 절대 포기해선 안 된다.

복의 근원자로 살아가라

아브라함의 거짓말로 바로에게 재앙이 닥쳤다. 하나님은 그를 복의 통로로 부르셨지만 지금은 그 반대가 되었다. 하나님은 나 혼자 잘 살아도 되는 존재로 짓지 않으셨다. 나 한 사람 때문에 그 누군가가 행복하고 위로를 받고 잘되는 삶을 살게 하려고 우리를 지으셨다. 나 때문에 가족이 살고, 나 때문에 공동체가 살아나고, 나 때문에 민족이 살도록 우리를 부르셨다.

chapter 4

채워 주심

하나님은 풍요를
누리게 하신다

풍요의 한계를 인식하라

사람들은 풍요로운 삶을 누리기 원한다. 경제적이고 문화적인 풍요로움은 윤택한 삶을 누리게 한다. 그래서 사람들은 더 나은 삶을 위해 돈을 모으고 사회적인 명성을 얻으려 한다. 심지어 성공을 위해서라면 수단과 방법을 가리지 않는 사람들도 있다. 그러나 풍요로움 속에도 위험은 도사리고 있으며, 인생의 모든 문제를 해결해 줄 수 없는 한계성이 있다. 그래서 현명한 사람은 풍요의 한계를 인식한다.

아브람에게 가축과 은과 금이 풍부하였더라 창 13:2

아브라함은 재산과 재물이 많은 부자였다. 영어성경은 이것을 좀 더 직설적으로 표현하고 있는데 "He was very rich", 즉 아브라함이 대단한 부자였다고 표현한다. 이처럼 아브라함은 풍요로웠다. 풍요는 하나님이 주시는 복이다. 하나님은 우리에게 하늘 문을 활짝 여시고 쌓을 곳이 없을 정도로 복을 주겠다고 약속하셨다. 하나님이 주시는 복은 영적인 복만이 아니라, 물질적인 복도 포함한다. 성경은 믿음의 사람들이 누린 물질의 풍요로움이 하나님이 주신 복이었다고 말한다. 그런 의미에서 풍요로움은 결코 죄가 아니다. 그리고 그 풍요로움을 추구하는 것도 잘못이 아니다.

그러나 성경은 우리에게 풍요로움이 인생의 모든 것이 아니라고 가르친다. 우리는 풍요로움이 가지고 있는 위험성을 직시해야 한다. 특히 돈과 권력만 있으면 모든 것을 자기 마음대로 좌지우지할 수 있다고 믿는 물질만능주의의 위험을 간파해야 한다. 풍요 자체가 최고의 가치라고 생각하는 것은 매우 위험하다. 이것은 풍요로운 아브라함의 집안에 문제가 생긴 데서도 알 수 있다. 바로 아브라함의 목자와 롯의 목자 사이에 다툼이 생긴 것이다. 6절에 보면 다투게 된 이유가 잘 나와 있다.

> 그 땅이 그들이 동거하기에 넉넉하지 못하였으니 이는 그들의
> 소유가 많아서 동거할 수 없었음이니라 창 13:6

제한된 장소에서 함께 머물기가 불편할 정도로 두 집안의 소유가 많아진 것이다. 가난도 커다란 문제지만 부유해도 문제와 갈등이 일어난다. 풍요는 편리함과 삶의 여유를 주지만, 풍요로운 삶에도 고통과 어려움이 있다. 이것은 마치 돈이 있으면 좋은 집은 살 수 있지만 그 돈으로 행복을 살 수 없는 것과 같다. 풍요의 한계를 인식할 때 하나님이 주신 복이 신앙에 장애물이 되지 않을 수 있다.

그런데 많은 사람들이 살아갈수록 풍요가 전부인 것처럼 그것만을 추구하고 집착하는 것을 본다.

세계 최고의 갑부 중 하나인 데일 카네기(Dale Carnegie)에게 어느 날 한 기자가 질문했다.

"카네기 씨, 당신은 내가 볼 때 부족함이 없는 사람입니다. 모든 것을 다 가진 것 같은데 당신에게도 소원이 있습니까?"

그 기자의 질문에 카네기가 웃으며 이렇게 대답했다.

"조금만 더 가졌으면 좋겠습니다."

우리가 갑부가 아니라는 차이가 있긴 하지만 지금보다 더 갖고 싶은 마음은 똑같다. 아마 우리가 갑부가 되더라도 카네기와 똑같은 대답을 하게 될 것이다. 연예인 같은 외모는 아니어도 지금보다 조금 더 예뻤으면 좋겠고, 모델처럼 늘씬하진 않더라도 지금보다 조금 더 날씬했으면 좋겠고, 조금 더 공부를 잘했으면 좋겠고, 조금 더 권세를 가졌으면 좋겠는 게 사람 마음이다. 이처럼 욕망에는 한계가 없다.

신앙생활에도 풍요가 주는 위험이 있다. 우리는 물질, 건강, 취업, 결혼의 복을 하나님께 구한다. 하지만 이런 복을 받고 나면 하나님께 소홀해진다. 없을 때는 하나님께 매달려 살다가 여유가 생기면 '레저'니 '웰빙'이니 하며 자신의 인생을 즐기려다 신앙도 잃고, 하나님도 잃어버린다. 풍요로움이 사람을 망쳐 버리는 것이다.

하나님께 삶의 부요와 풍요로움을 구하고, 그것들을 누리라. 이것은 성도들을 향한 하나님의 뜻이다. 그러나 이 풍요가 전부가 아니라는 것을 기억하라. 이것이 우리 인생의 모든 문제를 해결해 주는 근본적인 해답이 될 수 없음을 아는 것이 중요하다. 그래야 하나님이 주신 복을 올바르게 누릴 수 있다. 그리고 자녀들에게도 이것을 가르치라. 왜 공부를 해야 하는지, 왜 대학에 가야 하는지, 왜 돈을 벌어야 하는지를 말씀으로 가르칠 때 하나님이 주신 복을 아름답게 누리며 가꿀 수 있다.

내 삶에 우선적 가치관을 정립하라

사람을 우선시하라

풍요로움은 아브라함의 삶에 갈등을 일으켰고 평안을 깨뜨렸다. 아브라함은 이런 상황을 해결해야만 했다. 지금 닥친 시험을 아브

라함은 어떻게 돌파했을까?

> 아브람이 롯에게 이르되 우리는 한 친족이라 나나 너나 내 목
> 자나 네 목자나 서로 다투게 하지 말자 창 13:8

아브라함과 롯의 종들이 서로 싸우고 다투었다. 아마도 단순한 다툼이 아니라 거칠게 충돌하며 싸웠을 것이다. 이때 아브라함은 '같은 집안끼리 싸워서는 안 된다'며 그 싸움을 막으셨다. 그는 종들의 싸움에 끼어들어 땅을 빼앗거나 기득권을 행사하지 않았다. 아브라함은 물질이 아니라 사람과의 관계를 우선시했다.

오늘날 삶의 현장에서 벌어지는 끔찍함은 사람이 아니라 물질이 우선인 데서 비롯된다. 내가 더 가지기 위해 형제끼리 싸우고 부모에게 칼부림을 서슴지 않는다. 그러나 경제 논리를 앞세우다 보면 사람의 마음이 다치게 된다. 우리는 아브라함에게서 물질이 아니라 사람이 우선인 삶의 가치관을 배워야 한다.

물질이 인간을 위해 존재하는 것이지 인간이 물질을 위해 존재하는 것이 아니다. 그런 세상은 정말 끔찍하다. 세상에서 누리는 풍요란 죽으면 그만인 헛된 영화에 불과함을 잊지 말아야 한다.

하나님의 영광을 우선시하라

> 그러므로 아브람의 가축의 목자와 롯의 가축의 목자가 서로 다
> 투고 또 가나안 사람과 브리스 사람도 그 땅에 거주하였는지
> 라 창 13:7

아브라함과 롯의 목자들이 서로 다투는 그 땅에 가나안 사람과 브리스 사람도 함께 거주했다고 한다. 가나안 사람과 브리스 사람은 하나님을 알지 못하는 이방 족속이다. 지금으로 말하면 세상 사람들이다. 그런데 집안이 갈등하며 다툴 때 그들도 함께 거주하고 있었다는 것을 성경은 의도적으로 기록한다. 세상 사람들이 보고 있기 때문에 아브라함은 집안싸움을 말릴 수밖에 없었다.

성도는 예배하는 사람이다. 아브라함도 하나님 앞에 단을 쌓고 예배했다. 우리는 이방 족속들처럼 땅에 소망을 두고 사는 자들이 아니라, 하나님을 예배하는 자들이기에 물질 때문에 다투면 하나님의 영광을 가리게 된다. 그래서 아브라함은 얼마나 더 가지느냐에 초점을 두지 않고, 하나님의 영광이 가려지지 않도록 하는 일에 우선적 가치를 두었다. 이렇듯 아브라함은 조금 더 갖기 위해 세상에서 고군분투하는 우리를 부끄럽게 만든다.

성도가 물질을 최고의 자리에 두면 사람과의 관계도, 하나님과의 관계도 깨져 버린다. 그리고 하나님의 영광도 가려진다. 성도의

삶에서 우선순위는 언제나 하나님의 영광이다. 인생의 어느 지점에 이르렀을 때 유한한 땅의 것을 차지하려 애쓴 흔적만 있다면 그것은 성도의 삶이 아니다. 그러므로 우리는 하나님이 주신 풍요를 누리되 그것에 집착하지 않기를 결단해야 한다. 아브라함처럼 물질보다 사람을, 사람보다 하나님을 우선순위에 두는 삶을 살기로 결단해야 한다.

아브라함은 고난의 때에도 함께하시는 하나님을 경험했기에 풍요를 주신 이도 하나님임을 알았다. 그랬기에 풍요로 벌어지는 문제를 믿음으로 해결할 수 있었다. 그러나 롯은 달랐다.

> 이에 롯이 눈을 들어 요단 지역을 바라본즉 소알까지 온 땅에
> 물이 넉넉하니 여호와께서 소돔과 고모라를 멸하시기 전이었
> 으므로 여호와의 동산 같고 애굽 땅과 같았더라 그러므로 롯이
> 요단 온 지역을 택하고 동으로 옮기니 그들이 서로 떠난지라 창
> 13:10-11

아브라함은 집안에 일어난 갈등을 해결하기 위해 조카 롯과 상의했다. 그리고 롯에게 땅을 먼저 선택할 수 있도록 우선권을 주었다. 그때 롯이 선택한 곳은 땅이 기름지고 비옥한 요단 지역이었다. 롯은 넓고 기름진 땅을 모두 갖고 싶은 욕심에 이기적으로 선택했다. 성경은 이곳을 '여호와의 동산 같은 곳'으로 표현한다. 그곳은

천국같이 윤택하다는 의미다.

　하지만 성경은 다른 한편으로 '여호와의 동산' 같은 이 땅을 전혀 다르게 보고 있다.

　　소돔 사람은 여호와 앞에 악하며 큰 죄인이었더라 창 13:13

　요단 지역은 죄악으로 넘쳐 나는 곳이었고, 그 도시에 사는 사람들은 악을 행하며 살았다고 한다. 그럼에도 불구하고 롯은 그 땅을 선택했다. 롯의 가치관이 잘못되어 있는 것이다. 하나님의 백성은 아무리 탐나는 것이 있어도, 그곳이 기름져서 내 삶을 윤택하게 만들어 줄 것처럼 보여도 거기가 악한 도성이요 죄악이 범람하는 곳이라면 피해야 한다. 그러나 롯에게는 그런 신앙이 없었다. 내 인생을 풍요롭게 해줄 것 같으면 "다 좋아!" 했다.

　롯이 이렇게 이기적이고 어리석은 선택을 하게 된 이유를 "눈을 들어 요단 지역을 바라본즉"에서 발견할 수 있다. 여기서 "바라본즉"은 그냥 단순하게 바라본 것이 아니라 '탐욕을 가진 눈'으로 바라보았다고 어느 구약학자는 설명한다. 탐욕스럽게 요단 지역 온 땅을 취했다는 것이다. 그 땅으로 가게 된 롯은 점점 더 죄악의 도시로 빠져들었다.

　　아브람은 가나안 땅에 거주하였고 롯은 그 지역의 도시들에 머

무르며 그 장막을 옮겨 소돔까지 이르렀더라 창 13:12

롯은 넉넉한 땅에 거주하면서 점점 소돔으로 옮겨 갔다. 이에 반해 아브라함은 들판에 머물렀다고 한다. 죄악이 관영한 도시, 여호와 앞에서 범죄한 도시, 그리스도인들이 피해야 할 그 자리에 롯은 들어가 거주하고 있었다는 것이다. 소돔의 죄악이 얼마나 극심했던지 하나님은 유황과 불을 비처럼 내려 그곳을 심판하기로 마음먹으신다. 롯의 가족도 그곳에서 죽음의 위기에 놓이게 된다. 풍요를 찾아 떠났던 롯이 오히려 최악의 파국을 경험하게 된 것이다.

이것이 풍요로움의 한계다. 물질적인 풍요로움은 인생을 윤택하게 해준다. 그러나 그것은 영원하지 않다. 하나님은 소돔 성을 멸망시키기 전에 롯에게 빨리 떠나라고 하셨다. 롯의 가족에게 생명을 구할 기회를 준 것이다. 하지만 롯의 아내는 미련을 버리지 못하고 뒤돌아보았다가 그만 소금기둥이 되고 말았다.

롯과 달리 아브라함은 이삭과 야곱과 요셉에 이르기까지 믿음의 아름다운 대를 이어 가는 축복의 행진을 했다.

당신은 무엇에 우선적 가치를 두고 있는가? 롯처럼 풍요에 눈이 멀어 탐욕을 부리는가, 아니면 아브라함처럼 하나님의 영광과 영원한 것에 가치를 두고 있는가?

청지기적 사고를 명확하게 확립하라

풍요 속에 도사리고 있는 위험을 경계하려면 우리가 누리는 풍요가 하나님의 것이라는 인식이 있어야 한다. 우리는 잠시 하나님의 것을 맡은 청지기에 불과하다는 것을 분명히 알 때 롯처럼 풍요만 좇는 어리석은 인생을 살지 않게 된다.

> 네 앞에 온 땅이 있지 아니하냐 나를 떠나가라 네가 좌하면 나
> 는 우하고 네가 우하면 나는 좌하리라 창 13:9

이 말씀의 해석을 두고 성경학자들 간에 의견이 분분하다. 지금 아브라함이 거주하고 있는 땅은 하나님이 아브라함에게 약속의 땅으로 주신 곳이다. 그런데 아브라함이 롯에게 "네 마음대로 선택하라"고 말한다. 이것을 두고 어떤 학자는 아브라함이 하나님이 약속하신 땅을 포기한 것이 아닌가 하고 의문을 제기한다.

하지만 나는 이것이 약속의 땅에 대한 포기가 아니라 하나님에 대한 절대적인 신뢰가 담긴 발언이라고 생각한다. 구약학자인 앨런 로스(Allen Ross)는 이렇게 말한다.

"하나님께서 그 땅을 주셨다는 사실을 믿는 사람은 그 땅을 확보하기 위해 자기 힘으로 발버둥치지 않는다."

이 말은 하나님이 주셨으니 끝까지 책임져 주실 것이라고 믿음으로 사안을 바라보았다는 뜻이다. 풍요를 주신 분도 하나님이요,

풍요로움을 누리게 하시는 분도 하나님이시다. 모든 부의 소유권이 하나님께 있기에 아브라함이 이같이 말할 수 있었던 것이다.

한편, 아브라함에게서는 '청지기 정신'을 발견할 수 있다. 그는 '하나님께서 나를 여기로 보내셨고, 여기서 나의 할 일은 그분의 것을 맡아 관리하는 것일 뿐이고, 내게 주신 모든 것은 하나님의 것이다'라는 생각을 분명히 하고 있었던 것이다. 그래서 아브라함은 풍요를 움켜잡지 않고 내려놓을 수 있었다. 이런 아브라함의 신앙을 하나님은 기뻐하셨다.

> 롯이 아브람을 떠난 후에 여호와께서 아브람에게 이르시되 너는 눈을 들어 너 있는 곳에서 북쪽과 남쪽 그리고 동쪽과 서쪽을 바라보라 보이는 땅을 내가 너와 네 자손에게 주리니 영원히 이르리라 창 13:14-15

하나님은 믿음으로 선택한 아브라함을 기뻐하셨다. 그래서 그에게 친히 "아브라함아 네 눈을 들어 동서남북을 바라보아라. 네 눈에 보이는 것을 내가 네게 주겠다"고 말씀하셨다.

이 땅에서 내 것은 아무것도 없다. 내 목숨조차도 내 것이 아니다. 하나님이 목숨을 거두어 가시면 우리는 순식간에 안개처럼 사라져 버리는 존재다. 진정한 감사와 찬양은 내 것은 아무것도 없고 모두 하나님이 주셨다는 고백이 있을 때 터져 나온다.

당신은 하나님의 것을 맡은 청지기일 뿐임이 믿어지는가?

> 은도 내 것이요 금도 내 것이니라 만군의 여호와의 말이니라 _학
> 2:8

이것을 분명히 알았던 이스라엘 백성과 솔로몬 왕은 하나님의
성전을 청지기의 마음으로 건축했다.

> 나와 내 백성이 무엇이기에 이처럼 즐거운 마음으로 드릴 힘이
> 있었나이까 모든 것이 주께로 말미암았사오니 우리가 주의 손
> 에서 받은 것으로 주께 드렸을 뿐이니이다 대상 29:14

신앙의 참된 헌신과 예배는 청지기 정신에서 비롯된다. 물질의
풍요뿐만 아니라 아름다운 재능과 명석한 두뇌도 모두 하나님이
주셨다. 그래서 우리는 하나님의 선물인 풍요를 구하고 누리면서
살아야 한다. 그러나 그 풍요로움이 전부가 아니며 내 것은 아무것
도 없다는 청지기 정신을 반드시 가져야 한다. 그런 우리를 하나님
이 기뻐하신다.

풍요를 주시는 하나님

풍요의 한계를 인식하라

풍요는 하나님이 주시는 복이다. 성경은 믿음의 사람들이 누린 물질의 풍요로움이 하나님이 주신 복이었다고 말한다. 삶의 부요함과 풍요로움을 구하라. 이것은 성도들을 향한 하나님의 뜻이다. 그러나이 풍요가 전부가 아니라는 사실 또한 기억하라. 풍요가 인생의 문제를 해결해 주는 근본적인 해답이 될 수 없음을 알고 풍요가 가져오는 위험을 직시할 때 하나님이 주신 복을 올바르게 누릴 수 있다.

내 삶의 우선적 가치관을 정립하라

성도의 삶에서 우선순위는 언제나 하나님의 영광이다. 인생의 어느지점에 이르렀을 때 유한한 땅의 것을 차지하려 애쓴 흔적만 있다면그것은 성도의 삶이 아니다. 그러므로 우리는 하나님이 주신 풍요를누리되 그것에 집착하지 않기를 결단해야 한다. 물질보다 사람을, 사람보다 하나님을 우선순위에 두는 삶을 살기로 결단해야 한다.

청지기적 사고를 명확하게 확립하라

신앙의 참된 헌신과 예배는 청지기 정신에서 비롯된다. 물질의 풍요뿐만 아니라 아름다운 재능과 명석한 두뇌도 모두 하나님이 주셨음을 인정하라. 다만 내가 할 일은 하나님의 것을 맡아 관리하는 것일 뿐임을 분명히 할 때 풍요를 움켜잡지 않고 내려놓을 수 있다. 진정한 감사와 찬양은 내 것은 아무것도 없고 모두 하나님이 주셨다는 고백이 있을 때 터져 나온다.

chapter 5

살펴 주심

하나님은 고통 한가운데로
들어가신다

하갈은 아브라함의 첩이다. 성경은 하갈이 애굽 사람으로서 이스라엘 땅에 와서 사라의 여종으로 살았다고 말하고 있다. 지금은 이스라엘이 애굽(이집트)보다 더 잘살지만 당시는 애굽이 이스라엘보다 훨씬 강대국이었다. 그런데 애굽 여자 하갈은 어쩌다 아브라함 집의 종이 되었을까?

성경에는 그 이유가 분명하게 언급되어 있지 않다. 그러나 성경학자들의 추측에 따르면, 아브라함이 흉년을 만나 애굽 땅에 내려갔을 때, 바로 왕에게서 많은 금은보화와 종들을 받는데 이때 하갈이 아브라함의 종이 되지 않았을까 한다.

애굽 여인 하갈이 아브라함의 집에서 종으로 살아가기는 쉽지 않았을 것이다. 일단 이스라엘 말이 서툴렀을 테니 의사소통의 어려움이 컸을 것이다. 더구나 문화적, 환경적 차이도 컸을 것이므로 고향 땅에 대한 향수도 삶을 힘들게 했을 것이다.

그러던 어느 날 사라가 하갈에게 깜짝 놀랄 만한 부탁을 했다. 아브라함의 씨받이가 되어 달라는 것이었다. 비록 타국 땅에서 종노릇하며 살고 있지만 하갈에게도 좋은 남자를 만나 자녀를 낳고 아름다운 가정을 꾸리고 싶은 소망이 있지 않았을까? 그런데 늙은 주인 아브라함의 씨받이가 되어 달라니, 하늘이 무너지고 땅이 꺼지는 것 같은 절망이 엄습했을 것이다.

하지만 하갈은 아브라함 집의 종이기에 주인의 부탁을 거절할 수 없었다. 결국 하갈은 아브라함과 동침하여 아기를 임신한다. 하갈은 이때 주인의 아들을 낳으면 종의 신분에서 자유로워질지도 모른다는 실낱같은 소망을 품었을지도 모른다. 하지만 이 소망마저 무산될 위기에 놓였다. 여주인 사라가 하갈을 학대한 것이다.

사라의 학대가 얼마나 심했던지 하갈은 견디다 못해 결국 집을 뛰쳐나와 광야로 갔다. 그리고 그곳 우물가에서 그녀를 찾아온 하나님을 만났다. 이때 하갈의 인생은 전환점을 맞게 된다.

나를 살피시는 하나님

> 하갈이 자기에게 이르신 여호와의 이름을 나를 살피시는 하나
> 님이라 하였으니 이는 내가 어떻게 여기서 나를 살피시는 하나
> 님을 뵈었는고 함이라 창 16:13

하나님은 하갈의 어려운 형편과 처지를 외면하지 않으시고 세밀하게 추적하여 살피셨다. 광야로 도망간 하갈을 우물가에서 만나 주신 것이다. 하나님을 만난 하갈은 꺼져 가던 인생에서 다시한 번 희망의 불꽃을 일으키게 되었다. 이때 하갈은 하나님을 향해 '나를 살피시는 하나님이시다'라고 고백한다. 즉 '엘로이'(אל ראי)라고 하나님을 부른 것이다.

'살피시는 하나님'에서 '살핀다'라는 히브리어는 '본다'라는 뜻의 '라아'(ראה)다. 이는 추적하면서 관심을 가지고 '조사한다'는 뜻이다. 그러니까 하갈은 하나님을 만나고 나서 '하나님이 내 인생에 관심을 가지고 추적하면서 나를 살피셨구나'를 깨닫게 된 것이다.

영어성경에서 '본다'를 표현할 때 두 가지 단어를 사용한다. 하나는, 하갈의 '나를 살피시는 하나님'으로서 'my view holder'라고 표현한 것이다. '끊임없이 주목하고 추적하시는 하나님'이라는 뜻이다. 다른 하나는, 'spectator'로 이것 역시 '보는 자'라는 뜻이다. 하지만 'spectator'는 멀리서 구경하는 것처럼 본다는 의미가 강하다.

따라서 하갈에게 하나님은 'spectator'가 아니라 'view holder'였다. 나를 주목하시고 추적하며 세밀하게 보살펴 주시는 하나님인 것이다. 하갈이 하나님을 이같이 표현한 이유가 뭘까?

> 이르되 사래의 여종 하갈아 네가 어디서 왔으며 어디로 가느
> 냐 그가 이르되 나는 내 여주인 사래를 피하여 도망하나이다 창
> 16:8

하나님이 하갈에게 "사래의 여종 하갈아"라고 부르신 것은 광야의 우물가에서 통곡하는 불쌍한 여인이 하갈이라는 사실을 이미 아셨음을 의미한다. 하나님은 하갈의 신분이 사라의 여종이었다는 것도 아셨다. 그렇다면 하갈이 사라에게 어떤 학대를 받았고 이 우물가에 오기까지 어떤 일이 있었는지도 아신다는 얘기다. 그래서 하갈은 "사래의 여종 하갈아"라고 부르시는 하나님을 자신을 주목하고 살피시는 분으로 불렀다.

이처럼 하나님은 나를 철저하게 주목하고 살피시는 분이다. 그런데 비극적인 것은 우리가 이 사실을 잘 인식하지 못한다는 데 있다. 하갈은 자신의 인생을 살피시는 하나님을 만난 후 닫혔던 마음의 빗장이 풀렸다. 그래서 사라를 피해 도망치는 서러움과 고통을 하나님께 쏟아 냈다. 나를 살피시는 하나님을 만나자, 누구한테도 쉽게 꺼내 놓지 못하던 아픔과 상처를 털어놓을 수 있었다.

이처럼 진실한 믿음은 하나님이 나를 살피신다는 확신이 있어야 가능하다. 그때 하나님께 내 마음속 깊은 곳에 숨겨 두었던 아픔과 상처를 쏟아 내며 그분의 도우심을 구할 수 있다. 신명기에도 나를 살피시는 하나님이 묘사되어 있다.

> 여호와께서 그를 황무지에서, 짐승이 부르짖는 광야에서 만나
> 시고 호위하시며 보호하시며 자기의 눈동자같이 지키셨도다 신
> 32:10

하나님은 도무지 도움의 손길을 구할 수 없는 황무지에서도 나를 살피시고, 짐승이 울부짖는 위험한 광야에서도 나를 살피신다. 뿐만 아니라 눈동자같이 지켜 주신다. 시편은 '나를 살피시는 하나님'을 이렇게 표현했다.

> 이스라엘을 지키시는 이는 졸지도 아니하시고 주무시지도 아
> 니하시리로다 시 121:4

졸지도 주무시지도 않으면서 우리를 주목하여 살피시는 하나님 때문에 억울함도 참을 수 있고 고통의 자리도 견딜 수 있다. 나를 살피시는 하나님 때문에 내 인생을 지배하던 한과 상처가 하나님을 향한 찬양과 감사로 바뀔 수 있다. 그래서 성도는 나를 살피시

는 하나님이 우리의 하나님이기에 어떤 상황에서도 염려하지 말고 믿음의 눈으로 인내할 수 있어야 한다. 이 세상 어느 누구도 우리를 하나님처럼 살필 수 있는 존재는 없다.

예전에 부목사로 섬기던 교회에서 어느 집사님의 아이가 돌이 채 지나기도 전에 두 다리가 부러지는 사고를 당했다. 아이가 다쳤다는 연락을 받고 부랴부랴 병원에 갔더니 아기의 두 다리에 철심을 박고 다리를 줄에 매달아 침대 위에 붕 띄워 놓았다. 아기가 얼마나 아픈지 울고불고하다가 기진해서 잠이 들었는데 그 모습이 마치 소금에 절인 배추 같아서 마음이 너무 아팠다.

"집사님, 어쩌다가 아이가 이렇게 됐어요?"

아이의 엄마에게 자초지종을 물었다. 집사님은 한참 동안 말을 못하다가 마침내 눈물을 주르륵 흘리며 "아이를 업고 택시를 타다가 아이의 두 다리에 그만 앉아 버렸어요"라고 말했다. 집사님의 심정이 얼마나 착잡하고 괴로웠을까. 집사님은 하염없이 아이에게 "미안하다, 미안하다. 엄마가 잘 못 살펴서 미안하다"고 말할 뿐이었다.

아이에게서 잠시만 한눈을 팔아도 사고가 날 때가 많다. 잠깐 눈을 돌린 사이에 뜨거운 음식이 올려져 있던 식탁보를 잡아당겨 전신에 화상을 입기도 하고, 잠깐 눈을 돌린 사이에 도로로 뛰어들어 사고를 당하기도 한다. 세상에서 가장 강력한 어머니의 사랑으로도 자식을 주목하여 세밀하게 살피지는 못한다. 그러나 하나님은 잠시도 내게서 시선을 떼지 않고 주목하며 나를 살피신다.

일차원적인 눈을 가진 세상 사람들은 고통 중에 있을 때 광야에 버려진 것 같은 초라한 나만 본다. 하지만 믿음의 눈을 가진 성도는 고난을 당했을 때 졸지도 주무시지도 않고 나를 살피시는 하나님을 본다. 성도는 환경이나 고난을 보지 않고 하나님을 보기에 담대하게 믿음의 행진을 할 수 있다.

고통의 현장에 찾아오신 하나님

여호와의 사자가 광야의 샘물 곁 곧 술 길 샘 곁에서 그를 만나 창 16:7

사막의 우물가에서 하갈을 만나 주신 하나님은 세밀하게 살피시는 하나님이었다. 하갈의 슬픔과 고통을 다 알고 계셨고, 사라의 학대를 피해 도망간 광야의 여정까지도 추적하셨다. 하나님은 하갈이 사막의 우물가에서 인생의 서러움과 고통을 토로하고 있을 때 그곳으로 찾아와 주셨다. 이렇듯 하나님은 '행동하시는 분'이다.

하나님은 내가 고통과 슬픔의 우물가에 앉아 있을 때 통곡하고 있는 나를 가만히 보고만 계시는 분이 아니다. 그런 나를 반드시 찾아와 주신다.

하갈의 인생에서 그녀를 내쫓고 학대하는 자는 있어도 반겨 주는 사람은 없었다. 아브라함조차 자신의 아이를 임신한 하갈이 사라졌는데도 그녀를 찾지 않았다. 임신하지 못하는 사라를 대신해 아브라함의 씨받이로 들어가 하갈의 인생이 파탄 났는데도 사라는 하갈을 찾지 않았다. 아브라함의 집에서 일하는 다른 종들도 가출한 하갈을 찾지 않았다. 이처럼 하갈은 철저하게 버려진 여자요, 슬픈 인생을 살아가는 종이었다.

그런 하갈을 하나님은 주목하여 살피고 추적하더니 찾아오기까지 하셨다. 인생이 외롭고 고통스런 하갈을 만나 주셨다. 하나님이 위험하고 적막한 광야에서 어디로 가야 할지 몰라 방황하는 그녀를 찾아오시자, 하갈은 다시금 희망을 움켜쥘 수 있었다. 이것이 믿는 자의 배짱이다. 하나님이 고통의 자리에 찾아오셔서 우리를 만나 주시기에 그리스도인은 오뚝이처럼 다시 일어설 수 있다.

어쩌면 하갈은 종으로 살면서 자기 이름을 잊어버렸을지도 모른다. 옛날 여인들은 결혼하는 순간 처녀 때 쓰던 이름 대신 '반야월댁', '안동댁', '청송댁' 등의 당호(堂號)로 불렸다. 그런데 하나님은 "하갈아" 하고 그 이름을 부르셨다. 하갈의 이름을 부른 것 하나로 그녀는 학대 받아 서러운 마음을 위로 받았다. "하갈아" 하고 부르는 그 음성에는 "너의 아픔과 슬픔, 너의 가슴 깊숙이 응어리진 고통까지도 내가 다 안다"는 하나님의 위로가 담겨 있었던 것이다.

하나님은 이렇듯 우리를 찾아와 만나 주신다. 인생의 문제와 고난을 만났다면 하나님이 반드시 찾아와 도와주실 것을 믿어야 한다.

보상하시는 하나님

하갈을 찾아오신 하나님은 그녀에게 물으셨다.

"네가 어디서 와서 어디로 가느냐?"

지금 하나님은 그녀의 과거와 미래를 묻고 계신다. 하나님이 하갈의 행적을 몰라서 묻는 게 아니다. 사라의 여종인 것도 아시고 그녀의 이름이 하갈인 것도 아신 하나님이 그럼에도 이 질문을 하신 것은, 그녀를 위로하고 치료해서 회복시키기 위함이다. 이 질문에 하갈은 주저 없이 말했다.

"내 여주인을 피하여 도망하였나이다."

하나님의 질문에 하갈은 과거와 현재만을 대답할 뿐이었다. 사실 광야로 도망쳐 나온 하갈은 '어디로 가는지에 대해' 답을 할 수 없는 형편이었다. 광야는 위험하고 적막했으며 미래는 암담했다. 이제부터 무엇을 어떻게 할지 하갈은 막막했을 것이다. 이것이 하갈이 하나님의 질문에 온전히 대답할 수 없는 이유였다.

당신은 어떤가? 그저 하루하루 살아갈 뿐 아무런 계획도 없는 삶을 살고 있지 않은가? 사실 오늘 잘살았다고 내일도 잘살 것이라 장담할 수 있는 인생은 없다. 오늘 풍요를 누린다고 내일도 풍요로울지는 아무도 모른다. 오늘 건강하다고 해서 내일도 건강하리라는 보장이 없다. 어느 누구도 미래를 알지 못한다.

> 여호와의 사자가 그에게 이르되 네 여주인에게로 돌아가서 그
> 수하에 복종하라 창 16:9

하나님은 하갈에게 '다시 네 여주인에게 돌아가서 복종하라'고 하신다. 그곳은 고통 받는 자리요, 억울한 자리다. 내 인생을 통째로 빼앗아 간 자리요, 한 맺힌 자리다. 그런데 하나님은 다시 돌아가서 복종하라고 하신다. '복종하다'는 히브리어로 '아나'(עָנָה)인데, 6절의 '학대'와 같은 단어다. 하나님은 하갈에게 다시 '학대 받는 자리로 돌아가라'고 하신 것이다. 하갈은 광야의 우물가에서 내 인생의 슬픔과 고통을 다 헤아리고 계신다고 믿었던 하나님이 다시 그 고통의 자리로 돌아가라 하시니, 도무지 이해가 되지 않았을 것이다.

인생의 실패와 고통의 자리를 피하기 위해 울며불며 기도했는데 하나님이 고통의 자리로 다시 돌아가라 하시면 어떻겠는가? 하나님이 과연 나를 사랑하시는가 싶어 의심스럽고, 하나님이 나를 버리셨는가 싶어 비참한 심정이 될 것이다. 기도도 신앙도 포기해 버리고 싶을 수 있다.

> 여호와의 사자가 또 그에게 이르되 내가 네 씨를 크게 번성하

여 그 수가 많아 셀 수 없게 하리라 창 16:10

하지만 하나님이 하갈에게 돌아가라고 하신 이유는 하갈에게 번성의 복을 주시기 위해서였다. 그리고 11절에서 그 복이 무엇인지 구체적으로 말씀해 주신다.

여호와의 사자가 또 그에게 이르되 네가 임신하였은즉 아들을 낳으리니 그 이름을 이스마엘이라 하라 이는 여호와께서 네 고통을 들으셨음이니라 창 16:11

'이스마엘'은 '하나님이 들으셨다'는 의미다. 하나님이 하갈에게 고통의 자리로 다시 돌아가라고 하신 것은, 하갈의 고통을 외면하신 것이 아니라 고통의 시간을 통해 반드시 복으로 보상해 주시기 위함이다. 하갈은 처음에 고통의 자리로 돌아가라고 하셨을 때 이해할 수 없었지만, 11절의 말씀을 듣고 '고통의 자리는 하나님께서 복으로 보상하고 담아 주시는 그릇'임을 깨닫게 되었다. 하갈은 '보상해 주시는 하나님'을 만난 것이다.

인생을 살면서 하갈과 같은 인생의 소용돌이에 휩싸일 때가 더러 있다. 앞길이 막막하고 하루하루 살아가는 것이 고통스러워 지나온 세월이 서럽고 억울할 때가 있다. 이때 보상하시는 하나님을 기억해야 한다.

내 삶에 찾아온 고통이 떠나가기를 부르짖지만 사라지지 않는다면, 하나님께서 그 고통을 통해 복의 그릇을 더 크고 깊게 하시려는 것임을 알아야 한다. 인내하며 시련의 자리를 통과하면 하나님은 복을 가득 담아 보상해 주신다. 보상의 하나님을 알면 고통의 자리에서도 소망을 가질 수 있고, 고통을 견딜 수 있는 신앙의 그릇을 더 키울 수 있다.

그래서 하갈은 광야의 우물가에서 만난 하나님을 '엘로이'(רֹאִי אֵל), 즉 살피시는 하나님이라고 불렀다. 그리고 아무 이름도 없던 광야 샘 곁의 우물을 '브엘라해로이'(בְּאֵר לַחַי רֹאִי)라고 불렀다.

> 이러므로 그 샘을 브엘라해로이라 불렀으며 창 16:14

'브엘라해로이'는 '나를 살피시는 살아 계신 하나님의 우물'이라는 뜻이다. 하갈은 말할 수 없는 인생의 고통이 찾아왔을 때 혼자 울지 않았다. 하나님이 살피시고 찾아와 주셔서 홀로 두지 않으셨기 때문이다.

오늘 우리는 어느 광야의 우물에 서 있는가? 그리고 그 광야의 우물은 무엇으로 차 있는가? 아프고 서럽고 눈물 나고 억울하고 분노가 치밀어 오르는 고통의 자리인가? '나를 살피시는 살아 계신 하나님이 나의 하나님'이라는 것을 기억하면 그 우물은 '브엘라해로이'가 될 수 있다.

살펴 주시는 하나님

살피시는 하나님

하나님은 하갈의 어려운 형편과 처지를 외면하지 않으시고 세밀하게 추적하여 살피셨다. 하갈은 자신의 인생을 살피시는 하나님을 만난 후 닫혔던 마음의 빗장을 열고 사라를 피해 도망치는 서러움과 고통을 하나님께 쏟아 냈다. 나를 살피시는 하나님을 만나자, 누구한테도 꺼내 놓지 못하던 아픔과 상처를 털어놓은 것이다. 믿음의 눈을 가진 성도는 고난을 당했을 때 나를 살피시는 하나님을 본다.

고통의 현장에 찾아오신 하나님

하나님은 고통과 슬픔의 우물가에 앉아서 통곡하고 있는 나를 가만히 보고만 계시는 분이 아니다. 반드시 나를 찾아와 주시는 분이다. 하나님이 고통의 자리에 찾아오셔서 나를 만나 주시기에 그리스도인은 오뚝이처럼 다시 일어설 수 있다. 인생의 문제와 고난을 만났다면 하나님이 도와주실 것을 믿어야 한다.

보상하시는 하나님

하나님이 하갈에게 고통의 자리로 다시 돌아가라고 하신 것은, 고통의 시간을 통해 반드시 복으로 보상해 주시기 위함이다. 하나님이 우리의 고통을 외면하신 것이 아니다. 내 삶에 찾아온 고통이 떠나가기를 부르짖지만 사라지지 않는다면, 하나님께서 그 고통을 통해 신앙의 그릇을 깨끗하고 크게 하시려는 것임을 알아야 한다.

chapter 6

언약하심

하나님은 내 안에 두신
약속대로 일하신다

성경에는 '그리스도의 군사', '그리스도의 향기', '빛과 소금' 등 성도들을 부르는 별명이 많이 나온다. 그중에서 가장 흔하게 쓰이는 표현이 '성도'다. 성도란 '부르심을 받은 사람'이란 뜻으로 '부름을 받은 자', '부름을 받은 거룩한 무리'를 일컫는다. 바꿔 말하면 성도는 '하나님의 약속을 받은 사람'이라고 할 수 있다.

하나님은 아브라함을 '성도'로 부르셨다. 아브라함과 언약 관계를 맺으셨기 때문이다.

내가 내 언약을 나와 너 사이에 두어 너를 크게 번성하게 하리

라 하시니 창 17:2

보라 내 언약이 너와 함께 있으니 너는 여러 민족의 아버지가
될지라 창 17:4
.

이처럼 창세기 17장에는 '내 언약이 너와 함께 있다', '내가 언
약을 너희 가운데 두었다'는 표현이 반복해서 나온다. 여기서 언약
은 무엇인가? 언약이나 약속은 동일한 뜻이지만, 성경에서 말하는
언약은 법적 구속력을 지닌 하나님의 약속으로 이해된다. 하지만
영어성경은 약속을 'promise'로 표현하기도 하고 언약을 의미하는
'covenant'로 표현하기도 한다. 이처럼 '언약', '약속'은 의미상 정확
하게 구분되지는 않는다. 따라서 성도는 '하나님의 언약을 소유한
사람', '하나님의 약속을 가진 사람'이라고 할 수 있으며, 좀 더 쉽
게 표현하면 '약속의 사람들'이라고 할 수 있다.

풍요를 누리게 하려고 언약하신다

그렇다면 '약속', '언약'은 도대체 무엇인가?

하나님이 아브라함을 부르신 뒤 '너를 통해 큰 민족을 이루겠다'
는 약속의 말씀을 주셨다. 자손에 대한 약속을 하신 뒤에는 '땅을
기업으로 줄 것'도 약속하셨다. 그런 다음 아브라함에게 "내가 네

게 지시하는 곳으로 가라"고 말씀하셨다. 이 약속은 아브라함에게 주신 것이지만, 사실은 아담과 하와 때부터 주신 부름의 약속이기도 하다.

이런 약속을 받은 성도는 어떻게 살아야 할까? 이 약속을 신뢰하고, 의지하며, 바라보고 살아야 한다. 이것이 '약속의 사람'인 성도가 살아가야 할 방향이다.

하지만 안타깝게도 우리는 하나님의 약속을 온전히 신뢰하지 못할 때가 많다. 이는 불신앙 때문이다. 그런데 아브라함도 그랬다. 하나님께서 아브라함을 통해 큰 민족을 이루고 가나안 땅을 주겠다고 약속하셨을 때 아브라함은 하나님께 묻는다.

"하나님께서 이 땅을 저에게 주겠다고 말씀하셨습니다. 또한 저에게 자손도 주겠다고 말씀하셨습니다. 그런데 하나님, 제가 그것을 어떻게 확신할 수 있겠습니까?"(창 15:8)

아브라함은 하나님의 말씀만으로는 확신할 수 없었다. 그래서 하나님은 아브라함과 함께 언약식을 거행한다. 이 언약식은 약속의 말씀을 반드시 이루실 것을 눈으로 확인하는 의식이었다.

여호와께서 그에게 이르시되 나를 위하여 삼 년 된 암소와 삼 년 된 암염소와 삼 년 된 숫양과 산비둘기와 집비둘기 새끼를 가져올지니라 아브람이 그 모든 것을 가져다가 그 중간을 쪼개고 그 쪼갠 것을 마주 대하여 놓고 그 새는 쪼개지 아니하였

으며 솔개가 그 사체 위에 내릴 때에는 아브람이 쫓았더라 ^창

15:9-11

아브라함이 하나님 앞에 가져온 제물은 제사를 위한 게 아니었
다. 제사 제물은 절반으로 쪼개는 대신 각을 뜬다. 아브라함이 제물
의 중간을 쪼개겠다고 하는 것은, 하나님을 경배하기 위함이 아니라,
하나님과 아브라함 사이에 언약을 체결하기 위함이다.

고대 사회에서는 개인 대 개인뿐 아니라 국가 대 국가 간에 계약
을 맺을 때 이 같은 의식을 가졌다. 특히 강대국과 약소국이 이 같
은 의식을 통해 계약을 맺음으로써 강대국은 약소국을 보호해 주
고, 약소국은 강대국에게 조공을 바쳤다.

당시 언약식을 구체적으로 살펴보면 이렇다. 우선 언약의 제물
을 둘로 쪼갠다. 그런 다음 언약의 주체가 피를 흘리며 쪼개진 제
물 사이로 지나간다. 이것은 언약의 주체 중 누구 하나라도 약속을
지키지 않으면 제물이 쪼개져 피를 흘린 것처럼 죽음으로 피를 흘
리게 될 것을 표명한 것이다. 다시 말해 목숨을 건 약속이다. 하나
님은 약속의 말씀을 믿지 못하는 아브라함에게 당신의 생명을 거
는 언약식을 거행한 것이다. 다시 말해 그 약속을 반드시 이루실
것임을 나타낸 것이다.

그런데 하나님이 특별히 배려해서 이루어진 이 언약식에는 당시
의 의식과 다른 점이 있었다. 하나님만 이 쪼개진 제물 사이로 지

나가신 것이다. 창세기 15장 11절을 보면 아브라함이 언약식을 위한 모든 채비를 한 다음 솔개가 제물 위로 날지 못하도록 쫓으며 하나님이 나타나시기를 기다리는 장면이 나온다. 그런 뒤 하나님이 아브라함이 깊은 잠에 들었을 때 혼자 쪼갠 고기 사이로 지나가셔서 언약을 체결하신다.

> 해 질 때에 아브람에게 깊은 잠이 임하고 큰 흑암과 두려움이
> 그에게 임하였더니 창 15:12

이것은 당시 계약이 쌍방의 책임과 의무를 묻는 것이었다면, 하나님과 아브라함 사이에 이뤄진 계약은 하나님 당신만 책임을 지시는 의식이었음을 의미한다. 아브라함에겐 전혀 책임이 없도록 하나님 혼자만의 일방적이고 독단적인 계약을 하신 것이다. 왜 그랬을까?

이것은 아브라함을 향한 하나님의 은혜이며 사랑이다. 아브라함은 그 약속을 온전히 지킬 수 없는 연약한 존재이기 때문에, 그를 특별히 배려한 언약식을 거행하신 것이다. 하나님은 이로써 "이 언약의 근거는 너에게 있는 것이 아니라 나에게 있으며, 너는 이 약속을 지켜 내기 어렵겠지만 나는 이 약속을 반드시 이룰 것이다"라고 말씀하시고 있다. 이것이 기독교의 핵심이고, 복음의 중심이며, 신앙의 극치인 은혜 언약이다.

해가 져서 어두울 때에 연기 나는 화로가 보이며 타는 횃불이

쪼갠 고기 사이로 지나더라 창 15:17

횃불은 하나님의 임재하심을 나타낸다. 하나님이 쪼갠 고기 사이로 지나가셨다. 아브라함과 맺은 언약은 아브라함 한 개인에게만 효력이 있는 것이 아니다.

너희의 대대로 모든 남자는 집에서 난 자나 또는 너희 자손이

아니라 이방 사람에게서 돈으로 산 자를 막론하고 난 지 팔 일

만에 할례를 받을 것이라 너희 집에서 난 자든지 너희 돈으로

산 자든지 할례를 받아야 하리니 이에 내 언약이 너희 살에 있

어 영원한 언약이 되려니와 창 17:12-13

하나님은 언약을 체결하신 후 하나님의 백성에게 '언약의 사람들'이라는 증표를 남자의 생식기에 표시하도록 하셨다. 즉 할례를 명령하셨다. 이것은 우리가 언약 백성이며 하나님의 약속이 우리 속에 있음을 기억하고 새기는 행위다. 그리고 하나님의 약속이 반드시 이뤄질 것을 믿음으로 고백하는 것이다. 하나님은 아브라함뿐만 아니라 아브라함의 집에 있는 모든 식솔들, 심지어 멀리서 돈을 주고 사 온 사람들에게까지 이 언약의 혜택을 입도록 하셨다. 언약의 효력은 영구적이고 범민족적이다. 언약은 아브라함과 맺었

지만, 아브라함을 통해 형성될 거대한 민족, 즉 영적 아브라함의 자손에게까지 이 언약의 효력이 미치도록 하셨다.

하나님은 백성을 부르셔서 언약을 맺으신 뒤에 그 약속에 따라 행하시는 분이다. 우리보다 앞서 행하시고 세상 역사 가운데서 언약을 이뤄 가시는 분이다. 그래서 우리는 '언약의 하나님'이라고 부른다.

그렇다면 하나님은 왜 우리와 언약하실까?

> 내가 내 언약을 나와 너 사이에 두어 너를 크게 번성하게 하리
> 라 하시니 창 17:2

아브라함에게 약속을 두신 이유는 그가 번성한 삶을 누리도록 하기 위해서였다. 6절에서 아브라함이 누릴 번성이 보다 구체적으로 표현되어 있다.

> 내가 너로 심히 번성하게 하리니 내가 네게서 민족들이 나게
> 하며 왕들이 네게로부터 나오리라 창 17:6

아브라함을 '민족의 아버지', '열국의 아버지'로 삼으시겠다는 것이다. '네게서 민족들이 나고 왕들이 나게 하겠다'가 하나님이 우리와 약속하신 구체적인 내용이다. 하나님은 나를 번성케 하고 나

를 창대케 하기 위해 언약의 말씀을 주신다. 이 언약을 신뢰하고 하나님이 반드시 이루실 것을 믿을 때, 성도는 승리하는 삶을 살 수 있다. 언약의 하나님을 신뢰하는 성도가 복되다.

바울은 에베소교회 성도들에게 이렇게 말했다.

> 너희 마음의 눈을 밝히사 그의 부르심의 소망이 무엇이며 성도 안에서 그 기업의 영광의 풍성함이 무엇이며 그의 힘의 위력으로 역사하심을 따라 믿는 우리에게 베푸신 능력의 지극히 크심이 어떠한 것을 너희로 알게 하시기를 구하노라 엡 1:18-19

바울은 에베소교회 성도들을 위해 '하나님이 계시의 영을 주셔서 에베소교회 성도들의 영적인 눈이 활짝 열리기를, 그래서 이런 영적인 것들이 깨달아지기를' 기도하고 있다. 여기서 하나님이 누구신지를 나타내는 단어들이 눈에 띈다. '소망', '영광의 풍성함', '그의 힘의 위력', '능력의 지극히 크심' 등이다. 우리의 영적인 눈이 열리면 하나님이 누구신지가 깨달아져서 그분을 소망하게 된다.

어느 주일학교 사역자가 학생들을 대상으로 '하나님은 어떤 분이라고 생각하는가?'라는 질문으로 설문 조사를 했다. 학생들이 쓴 답을 보고 사역자는 큰 충격에 휩싸였다. 내용이 조금씩 다르긴 했지만, 대부분의 아이들이 하나님을 굉장히 두렵고 무서운 존재로 인식했기 때문이다. 아이들은 잘못한 것이 있으면 야단치시는 하나님, 벌 주시는 하나님, 혼내시는 하나님으로 이해하고 있었다.

아이들은 왜 하나님을 이렇게 인식하고 있을까? 아이들에게 물어보았더니 그들이 이해한 하나님은 부모가 이해한 하나님과 같았다. "너 그러면 하나님한테 벌 받는다", "너 그러면 하나님이 그냥 놔두지 않으실 거야" 하는 말을 부모가 자녀들에게 무심결에 한 것이다. 말 안 듣는 자녀를 통제하기 위한 수단일 수도 있지만 대개 부모가 하나님을 그렇게 이해하기 때문에 무심결에 그런 말을 하는 것이다. 하나님을 빌려 자녀를 통제하는 것이든 아니든 이 같은 말은 사랑하는 자녀가 하나님과 가까워지는 데 방해가 된다. 교육적으로 대단히 위험하다.

하나님이 우리와 언약하시는 이유가 우리를 번성케 하기 위해서라고 말씀하신다. 하나님의 풍요를 누리게 하려고 언약하신다는 것이다. 이 언약의 하나님을 믿고 의지할 때 성도는 복된 삶을 살게 된다.

전능하시기에 언약을 이루신다

우리에게 축복의 언약을 주신 하나님은 전능하신 분이다.

아브람이 구십구 세 때에 여호와께서 아브람에게 나타나서 그에게 이르시되 나는 전능한 하나님이라 너는 내 앞에서 행하여

아브라함의 나이가 99세 때에 하나님은 자신을 '전능한 하나님'
이라 소개하신다. 나이가 99세라는 말은 더 이상 자식을 낳을 수
없다는 것을 의미한다. 아브라함의 조건으로는 하나님의 언약을
실현할 수 없다는 말이다. 그런데 하나님은 "나는 전능한 하나님"
이라고 말씀하신다. '너는 할 수 없지만, 약속을 한 나는 전능하기
에 내가 기적을 이루겠다'는 뜻이다.

성경은 이런 전능하신 하나님을 '엘샤다이'(אֵל שַׁדַּי)라고 표현한
다. 엘(אֵל)은 '엘로힘'(אֱלֹהִים), 즉 하나님을 의미하고 '샤다이'(שַׁדַּי)는
'충족하다', '충분한 존재'라는 의미다. 따라서 '엘샤다이'는 '충분
하신, 모자람이 없으신 하나님'이라는 뜻이다. 우리가 믿는 하나님
은 스스로 충분하신 분이며, 모자람이 없으시다. 그렇기에 하나님
은 '나는 엘샤다이, 전능한 하나님이므로 모든 것이 충분하며 모든
것을 할 수 있는 언약의 하나님'이라고 자신을 소개하고 있다.

우리에게 주신 약속의 말씀인 성경 66권에는 인간의 이성으로는
이해할 수 없는 내용이 참 많다. 우리의 경험과 지식으로 보자면
성경은 말도 안 되는 황당무계한 책이다. 그러나 일본의 기독교 사
상가 우찌무라 간조는 이렇게 말했다.

"사람들이 성경을 믿지 못하는 이유는 성경이 너무 기적적인 내
용들로 가득 차 있기 때문이다. 그래서 사람들은 하나님을 믿되 그

런 기적적인 요소들을 다 빼고 하나님을 믿으려 한다."

이런 믿을 수 없는 기적으로 가득 찬 하나님의 말씀을 우리가 믿는 이유가 무엇인가? 우리에게 약속하신 하나님이 '언약의 하나님', '엘샤다이의 하나님'이기 때문이다. 그래서 우리는 하나님의 말씀 앞으로 나가기만 하면 된다. 언약을 주신 하나님이 전능하신 분임을 알게 되면 믿지 못할 말씀이 없다. 창세기 15장에서는 하나님 자신을 어떻게 소개하는지 살펴보자.

> 이후에 여호와의 말씀이 환상 중에 아브람에게 임하여 이르시되 아브람아 두려워하지 말라 나는 네 방패요 너의 지극히 큰 상급이니라 창 15:1

'방패'란 글자 그대로 '막아 준다'는 뜻이다. 그리고 '상급'이란 '보수, 보상'이란 뜻이다. 풀어 쓰면 '내가 너를 막아 주고, 지켜 주고, 보호해 주겠다'는 것이다.

다시 창세기 17장 1절로 돌아가 보자.

> 아브람이 구십구 세 때에 여호와께서 아브람에게 나타나서 그에게 이르시되 나는 전능한 하나님이라 너는 내 앞에서 행하여 완전하라 창 17:1

하나님은 아브라함에게 방패와 상급이 되어 지켜 주실 것을 약속하시면서 완전하라고 요구하신다. '완전하라'는 말은 '결단하라'는 뜻이다. 아브라함이 하나님 앞에서 할 일은 결단하는 것뿐이다. 약속의 말씀을 온전히 신뢰하기로 결단하는 것, 그것이면 충분하다. 하나님은 아브라함이 인간적인 노력을 통해 환경을 바꾸고 무엇인가 하기를 바라신 것이 아니다. 하나님 앞에 다른 모든 것을 내려놓고 하나님이 주신 말씀만 신뢰하기로 결단하기를 바라셨다. 이것이 하나님 앞에서 완전해지는 비결이다.

우리는 흔히 이 땅을 살아가는 동안 고난이 닥치고 어려움을 당하면 스스로 한계를 정해서 "나는 안 돼. 나는 여기까지야!" 하며 무너진다. 하지만 성도는 스스로 한계를 결정하는 사람이 아니다. 성도는 내 생각과 능력, 내 지식과 판단으로 한계를 결정하기 전에 내 안에 두신 하나님의 언약, 즉 약속을 붙드는 사람이다. "하나님은 전능하신 엘샤다이의 하나님이야! 그 하나님에게는 부족함이 없어. 그 하나님에겐 한계가 없어. 나는 오직 이 하나님의 약속만 믿기로 결단했어" 하고 외치는 사람이다.

기도 좀 하고 성경 좀 본다는 성도들 중에 마치 나의 생각이 하나님의 뜻인 것처럼 굴면서 스스로 한계를 정해 버리는 사람이 있다. 이것은 매우 무서운 영적 교만이다. 나의 지식과 경험 속에 하나님을 가두고, 내게 닥친 문제를 스스로 해결하려는 불신앙적인 태도이기 때문이다. 그것이 왜 불신앙적인 태도인가? 하나님의 약속만 믿기로 결단하지 못했기 때문이며, 하나님의 전능하심을 믿지 못하기 때문이다.

하나님은 우리 가운데 두신 약속대로 성취하시는 분이지, 우리가 가진 것으로 일하시는 분이 아니다. 그래서 하나님의 약속을 믿는 성도는 언제나 꿈이 크다. 나 자신을 보면 한심하기 이를 데 없지만 내게 언약을 두신 하나님을 바라보면 나를 뛰어넘는 꿈을 품을 수 있다. 교회 문제도 마찬가지다. 우리 교회를 향하신 하나님의 약속을 믿고 직면한 문제들을 바라보면 상상을 뛰어넘는 하나님의 방법으로 해결해 주신다. 자녀 문제도 동일하다. 인간적인 눈으로 보면 자녀에게서 밝은 미래가 기대되지 않지만, 하나님이 주신 약속의 눈으로 보면 큰 그림을 그릴 수 있다.

언약은 환경과 처지를 뛰어넘는다

하나님은 지금까지 단 한 번도 약속을 바꾸거나 파기하신 적이 없다. 하나님은 아담을 만드신 뒤 이렇게 말씀하셨다.

하나님이 그들에게 복을 주시며 하나님이 그들에게 이르시되 생육하고 번성하여 땅에 충만하라, 땅을 정복하라, 바다의 물고기와 하늘의 새와 땅에 움직이는 모든 생물을 다스리라 하시니라 창 1:28

창세기 1장 28절은 하나님이 아담과 하와 가운데 두신 약속의 말씀이다. 인간의 범죄로 에덴동산에서 쫓겨났지만 그럼에도 이 약속은 파기되지 않았다. 하나님은 노아를 통해서 이 약속을 다시 상기시키신다.

> 하나님이 노아와 그 아들들에게 복을 주시며 그들에게 이르시되 생육하고 번성하여 땅에 충만하라 땅의 모든 짐승과 공중의 모든 새와 땅에 기는 모든 것과 바다의 모든 물고기가 너희를 두려워하며 너희를 무서워하리니 이것들은 너희의 손에 붙였음이니라 창 9:1-2

뿐만 아니라 창세기 12장을 보면 아브라함을 통해 이 약속이 일관되게 흘러가고 있음을 알 수 있다.

> 여호와께서 아브람에게 이르시되 너는 너의 고향과 친척과 아버지의 집을 떠나 내가 네게 보여 줄 땅으로 가라 내가 너로 큰 민족을 이루고 네게 복을 주어 네 이름을 창대하게 하리니 너는 복이 될지라 너를 축복하는 자에게는 내가 복을 내리고 너를 저주하는 자에게는 내가 저주하리니 땅의 모든 족속이 너로 말미암아 복을 얻을 것이라 하신지라 창 12:1-3

하나님의 이 약속은 변함이 없다. 약속이 변함이 없다는 말은 하나님이 변함없는 분이라는 뜻이다. 하지만 인간은 어떤가?

> 아브람이 또 이르되 주께서 내게 씨를 주지 아니하셨으니 내
> 집에서 길린 자가 내 상속자가 될 것이니이다 창 15:3

시간이 지나도 자녀를 얻지 못하자 아브라함이 하나님을 의심하기 시작했다. 아브라함이 이렇게 흔들리자 그 아내 사라는 여종을 통해 자식을 얻고자 했다(창 16:2).

오랜 시간이 흘렀지만 하나님의 약속대로 자녀가 생기지 않자 아브라함 부부는 하나님의 약속을 의심하고 믿지 못하는 지경에 이른 것이다.

> 아브라함이 엎드려 웃으며 마음속으로 이르되 백 세 된 사람이
> 어찌 자식을 낳을까 사라는 구십 세니 어찌 출산하리요 하고
> 아브라함이 이에 하나님께 아뢰되 이스마엘이나 하나님 앞에
> 살기를 원하나이다 창 17:17-18

아브라함은 사라가 이제 자식을 낳을 수 없게 되었으니 하나님의 약속은 절대 이뤄지지 않을 것이라고 말하고 있다. 아브라함의 믿음이 현실에 따라 흔들리고 있는 것이다. 그럼에도 하나님은 아

브라함이 99세가 되었을 때 다시 찾아오셔서 일관되게 약속의 말씀을 하신다. 이때 사라가 하나님을 비웃는다.

> 사라가 속으로 웃고 이르되 내가 노쇠하였고 내 주인도 늙었으니 내게 무슨 즐거움이 있으리요 창 18:12

나이가 많아 쇠약해진 아브라함과 이제 더 이상 임신할 수 없게 된 사라는 현실적인 조건을 따지며 하나님의 약속을 비웃지만, 하나님은 그들의 비웃음을 감동의 웃음으로 바꿔 주겠다고 말씀하신다.

> 여호와께서 아브라함에게 이르시되 사라가 왜 웃으며 이르기를 내가 늙었거늘 어떻게 아들을 낳으리요 하느냐 여호와께 능하지 못한 일이 있겠느냐 기한이 이를 때에 내가 네게로 돌아오리니 사라에게 아들이 있으리라 창 18:13-14

하나님의 약속은 반드시 이루어진다. 환경이 가로막혀 인간의 힘으론 도저히 손쓸 수 없는 상황일지라도, 하나님은 자신이 작정한 모든 일을 반드시 이루어 내시는 분이다. 창세기 21장에서 하나님은 마침내 아브라함에게 이삭을 주신다. 불가능한 환경을 뚫고 약속의 자녀를 주신 것이다.

여호와께서 말씀하신 대로 사라를 돌보셨고 여호와께서 말씀

하신 대로 사라에게 행하셨으므로 사라가 임신하고 하나님이

말씀하신 시기가 되어 노년의 아브라함에게 아들을 낳으니 창

21:1-2

하나님은 아브라함과 사라에게 말씀하신 대로 아들을 주셨다. 하나님의 '때'에 아들을 주신 것이다. 임신이 불가능한 시기에 자녀를 주심으로 하나님의 언약은 환경과 처지에 막히지 않고 반드시 이루어짐을 보여 주셨다. 우리가 믿는 하나님은 이렇듯 약속을 반드시 이루시는 신실한 분이다.

지금 풀리지 않는 삶의 문제가 있는가? 오랜 시간 기도하며 응답되기를 기다리는 기도 제목이 있는가? 믿음으로 시작했지만 환경에 가로막혀 포기하고 싶은 것이 있는가? 언약의 하나님은 신실하신 분임을 기억하기 바란다. 지금은 비록 내가 울고 있지만 하나님이 나를 반드시 웃게 만드실 것이다.

우리가 즐겨 부르는 찬양 〈하나님은 실수하지 않으신다네〉에 이런 가사가 있다.

내가 걷는 이 길이 혹 굽어 도는 수가 있어도

내 심장이 울렁이고 가슴 아파도

내 마음속으로 여전히 기뻐하는 까닭은

하나님은 실수하지 않으심일세.

지금 걷는 길이 굽이굽이 돌아가는 것처럼 보여도, 그래서 미칠 듯이 고통스럽고 날마다 눈물을 흘려도, 그런 중에도 우리가 기뻐할 수 있는 것은, 반드시 약속을 성취하시는 신실한 하나님이 우리와 함께하시기 때문이다.

> 하나님은 사람이 아니시니 거짓말을 하지 않으시고 인생이 아니시니 후회가 없으시도다 어찌 그 말씀하신 바를 행하지 않으시며 하신 말씀을 실행하지 않으시랴 민 23:19

과거 우리 신앙의 선조들은 성경을 많이 알지 못해도 우리보다 훨씬 더 영향력 있는 삶을 살았다. 하나님의 은혜에 대한 겸손과 감격이 삶을 통해 흘러나왔기 때문이다. 하지만 오늘날 성도들을 보면, 성경에 대한 이해와 지식은 깊고 좋아졌지만 그 영향력은 훨씬 못하다. 하나님의 은혜에 대한 겸손과 감격이 그 삶을 통해 흘러나오지 않기 때문이다. 오히려 자기 의로 가득 차서 교만하고 인색하기 그지 없는 성도들도 있다.

성도는 언약의 하나님이 은혜의 하나님임을 고백하는 사람들이다. 은혜로우신 하나님을 발견하면 신앙의 배짱이 생긴다. 나의 연약함으로 범죄하고, 나의 부족함으로 넘어질지라도 은혜의 하나님 앞에 나아와 회개하고 축복의 약속을 다시 붙들 수 있다. 초라한 자기 모습을 한탄하며 하나님의 약속을 포기하거나 자기가 지은 죄에 넘어져서 자신을 학대하는 사람들이 있는데, 신앙은 자기의 공로와 의로움을 의지하는 것이 아니다. 신앙은 철저하게 연약하고 부족한 나를 구원해 주신 하나님의 은혜를 의지하는 것이다.

그래서 성도는 자기에게 어떤 추악한 모습이 있을지라도 십자가를 붙들고 다시 일어서게 된다.

사람은 누구나 죄인이다. 입이 거칠고, 마음에 숨겨진 죄악들이 많으며, 서로 상처를 주고받는 죄인이다. 그래서 하나님의 은혜를 모르는 성도는 죽은 시체와 같다. 하나님의 은혜 때문에 우리는 다시 찬양할 수 있고, 하나님의 은혜 때문에 우리가 죄를 지었어도 회개하고 다시 나아갈 수 있다. 주님은 우리에게 말씀하신다. 뻔뻔하게 "구하라, 찾으라, 두드리라"고.

언약하시는 하나님

풍요를 누리게 하려고 언약하신다

하나님과 아브라함 사이에 이뤄진 계약은 하나님 당신만 책무를 갖는 의식이었다. 아브라함에겐 책임도 의무도 지워지지 않는 철저히 하나님께 불리한 계약이었다. 그런데 하나님이 이 같은 계약을 하시는 것은 내가 하나님의 풍요를 누리게 하기 위해서다. 그러므로 이 언약을 하나님이 이루실 것을 믿을 때, 성도는 복된 삶을 살게 된다.

전능하시기에 언약을 이루신다

우리에게 약속하신 하나님은 '언약의 하나님', '엘샤다이의 하나님'이다. 그래서 우리는 하나님의 말씀 앞으로 나가기만 하면 된다. 하나님은 우리 가운데 두신 약속대로 성취하시는 분이지, 우리가 가진 것으로 일하시는 분이 아니다. 내게 언약을 두신 하나님을 바라보면 나를 뛰어넘는 꿈을 품을 수 있다.

언약은 환경과 처지를 뛰어넘는다

하나님의 약속은 반드시 이루어진다. 환경이 가로막혀 인간의 힘으론 도저히 손쓸 수 없는 상황일지라도, 하나님은 당신이 작정한 모든 일을 반드시 이루어 내신다. 그러므로 성도는 비록 지금 고통스러워 통곡할지라도 하나님이 나를 반드시 웃게 하실 것을 믿으면 된다.

chapter 7
웃게 하심

인내하면 슬픔을
기쁨으로 바꿔 주신다

믿는 자들의 신앙생활은 크게 두 가
지 유형으로 나눌 수 있다. 긍정적인 유형과 부정적인 유형이다. 하
나님을 믿는 신앙인이 부정적일 수 있을까 하겠지만 말이나 태도
가 비관적이고 절망적인 사람들이 있다. 기도하면서도 자신을 비
하하거나 절망적인 말을 쏟아 내고, 매사에 원망과 불평이 많은 사
람들이다. 반면 긍정적인 신앙인은, 어렵고 힘든 환경 속에서도 '하
나님이 도우실 것'을 믿고 기도하며 나간다.

　그렇다면 무엇이 이런 신앙 유형에 영향을 미치는 걸까? 몇 가
지 요소가 있겠지만 그중 하나가 성격이다. 신앙생활을 하더라도
자신의 성향을 벗어나기가 어렵다. 성격대로 믿고 성격대로 교회

를 섬긴다. 똑같은 상황이라도 비판적이고 절망적이며 부정적인 성격을 가진 사람은 신앙도 그런 유형을 따르게 된다.

'하나님을 어떻게 이해하느냐'도 신앙 유형에 영향을 미친다. 내가 믿는 하나님이 어떤 분인지에 따라 신앙의 색깔과 태도와 방향이 결정된다. 그러므로 하나님을 바르게 아는 것이 매우 중요하다.

하나님은 어떤 분인가? 하나님은 성경을 통해 자신의 모습을 드러내셨다. 때로는 심판하시는 하나님으로, 때로는 죄에 대해 진노하시는 하나님으로, 때로는 한없이 기다리고 인내하는 하나님으로 당신을 드러내셨다. 심판하고 진노하는 하나님은 부정적으로 비칠수 있지만, 그 목적이 우리로 하여금 하나님을 따라 거룩하고 신실하게 살게 하는 데 있다. 따라서 하나님은 본질적으로 선하시며 긍정적인 분이다. 그런 하나님은 아이를 가질 수 없었던 사라의 인생속으로 들어오셔서 사라를 웃게 하셨다.

> 사라가 이르되 하나님이 나를 웃게 하시니 듣는 자가 다 나와
> 함께 웃으리로다 창 21:6

사라는 지금까지 웃을 수 있는 인생이 아니었다. 그녀의 삶에는 힘들고 어려운 질곡의 순간들이 수없이 많았다. 심한 기근을 피해 애굽으로 갔을 때 아브라함은 사라를 자신의 누이라고 속였고 그로 인해 사라는 하마터면 바로의 아내가 될 뻔했다. 또한 사라가

오랫동안 아기를 갖지 못한 불임 여성이었다는 것은 그녀의 마음을 매우 무겁게 만들었다. 요즘은 저출산이 문제가 될 만큼 젊은이들이 아기를 갖지 않으려 하지만, 고대 사회에서 불임은 큰 죄였다.

그런 사라에게 하나님이 아들 이삭을 주셨다. 아브라함도 나이가 많아 늙었고 사라도 이미 경수가 끊어진 지 오래되어 자녀를 가질 수 없는 상황이었지만 하나님은 이들 부부에게 기적을 선물로 주셨다. 아들 이삭은 불가능이 가능으로, 절망이 희망으로 바뀌는 분기점이 되었다. 그러므로 사라가 '하나님이 나를 웃게 하셨다'고 말한 것은 도저히 일어날 수 없는 기적이 일어났다는 뜻이다. 또한 이것은 허물과 실수가 많은 자신을 하나님이 덮어 주시고 용서해 주셨다는 고백이기도 하다.

사라의 허물은 하나님의 말씀을 전적으로 믿지 못한 데 있다. 하나님이 사라와 아브라함 사이에 자녀를 주겠다고 약속했으나, 사라는 여종 하갈을 남편과 동침하게 해서 이스마엘을 낳았다. 하나님의 때를 신뢰하지 못하고 인간적인 방법을 써서라도 아들을 얻겠다는 불신앙을 드러낸 것이다. 하나님은 사라의 이 같은 허물까지도 덮어 주시고 사라를 웃게 하셨다.

이처럼 하나님은 인생의 수많은 고통과 아픔을 웃음으로 바꾸어 주신다. 하나님은 불가능을 가능으로 바꾸시는 분이기에 도무지 할 수 없다고 포기한 일조차 해결해 주신다.

그런데 우리도 사라처럼 하나님을 온전히 신뢰하지 못하는 모습을 보이곤 한다. 주일이면 예배를 드리고 봉사하지만 고난이 닥치고 위기가 찾아오면 하나님을 잊어버리고 자기 힘으로 해결하려 한다. 그러다 안 되면 낙심하고 좌절한다. 하나님을 온전히 신뢰하려면 내가 연약한 존재라는 사실을 인정해야 한다. 그리고 연약한 나를 도우실 이는 오직 하나님 한 분뿐임을 믿어야 한다. 그러면 우리가 어떤 형편에 있든지 나를 웃게 만드시는 하나님을 만날 수 있다.

말씀 안에 있을 때 웃을 수 있다

여호와께서 말씀하신 대로 사라를 돌보셨고 여호와께서 말씀하신 대로 사라에게 행하셨으므로 창 21:1

1절에서 반복되는 표현이 있다. '여호와께서 말씀하신 대로'이다. 여호와께서 말씀하신 대로 사라를 돌보셨기 때문에 사라가 웃을 수 있었다. 사라의 웃음은 하나님이 약속하신 말씀의 성취를 통해 이뤄졌다. 이는 곧 우리가 말씀 안에서 웃게 하시는 하나님을 경험할 수 있음을 시사한다.

그래서 '웃는다'를 '행복'이라는 말로 바꿀 수 있다. 우리는 모두 행복하기를 원한다. 그럼에도 우리가 웃음보다 울음에 더 익숙한 것은 인생이 그만큼 행복하기 쉽지 않기 때문이다. 사람들은 행복해지기 위해 많은 노력을 해 왔다. 교육과 문화, 과학을 발전시키고 제도와 시스템을 정비해 왔다. 웃기 위해 향락을 즐기며 게임에 빠지고 심지어 마약을 하며 우상을 좇는다. 하지만 그럴수록 인생이 허탄하고 공허해졌다. 이러한 것들로 잠시 만족할 수는 있어도 참된 행복에 이르지는 못한다. 오히려 행복을 가지려 애쓸수록 웃음을 잃기 십상이다.

성경은 하나님의 말씀 안에서 우리가 웃을 수 있다고 가르친다. 이것이 오늘날 웃기 위해 애쓰는 우리에게 유일한 소망이 된다.

아브라함은 25년 전에 이미 하나님의 말씀을 받았다. 그러나 아브라함은 하나님의 말씀을 온전히 신뢰하지 못했다. 이는 아브라함이 말씀 안에 있지 않았음을 뜻한다. 하나님의 말씀을 신뢰하지 않았기에 아브라함은 기근을 피해 애굽으로 떠났고, 거기서 사라를 누이로 속여 위험에 빠뜨렸으며, 아기를 낳지 못하는 사라를 대신해 여종 하갈을 통해 이스마엘을 얻었다. 이런 인간적인 방법은 아브라함과 사라를 웃게 하지 못했다. 오히려 깊은 상처와 고통만 안겨 주었다.

사라를 웃게 하신 분은 하나님이다. 하나님은 말씀대로 사라를 웃게 하셨다. 이처럼 우리 역시 말씀 안에 있을 때 웃을 수 있다.

어떤 이들은 말씀을 따라 사는 것이 너무 힘들다면서 현실과 괴리된 요구라고 말한다. 그래서 적당히 믿고 타협하면서 살아야 한다고 말한다. 하지만 말씀 안에 있는 것이 힘든 게 아니라 나의 경험과 지식에 갇혀 하나님의 말씀을 놓쳐 버렸기 때문에 힘든 것이다. 나의 선택이 합리적이고 현명해 보일지 모르지만 그래선 결코 웃을 수 없다.

성경에는 하나님의 백성을 향한 약속이 8만 가지 이상 기록되어 있다. 이 약속의 성취가 우리를 웃게 한다. 그러나 말씀 안에 있지 않으면 8만 가지 약속 중 하나라도 내 것이 될 수 없다.

> 진실로 너희에게 이르노니 천지가 없어지기 전에는 율법의 일점일획도 결코 없어지지 아니하고 다 이루리라 마 5:18

예수님은 하나님의 말씀이 이 땅에서 모두 이루어진다고 하셨다. 그런데 문제는 이 말씀을 믿지 못하는 우리에게 있다. 우리는 '하나님이 하실 수 있을까, 없을까' 저울질하지만, 성경은 하나님이 이루실 것을 선포한 뒤 우리가 과연 이 말씀 안에 '있느냐, 없느냐'를 따져 묻는다.

열왕기상 17장을 보면 하나님께서 엘리야를 그릿 시냇가로 인도해서 까마귀를 통해 먹을거리를 날라 주는 장면이 나온다. 엘리야를 먹이고 기운 차리게 하신 다음 하나님은 그를 사르밧 땅으로 옮기신다. 그러면서 "그곳에 가면 너를 섬길 자를 내가 준비해 놓았다"고 말씀하신다. 그런데 막상 가 보니 하나님이 준비하신 사람은 풍족하고 부요한 부자가 아니라 가난하고 궁핍한 어느 과부였다. 더구나 과부는 현실이 너무 절망적이어서 죽을 결심까지 하고 있었다.

이때 엘리야가 보인 모습은 참으로 놀랍다. 과부가 마지막 먹을거리로 끼니를 때운 후 아들과 죽기로 했다고 말하는데도 엘리야는 그 마지막 양식을 자기에게 달라고 요구한다. 이 행동은 좀처럼 이해하기 어렵다. 하지만 기적은 여기서부터 시작된다.

> 그가 가서 엘리야의 말대로 하였더니 그와 엘리야와 그의 식구
> 가 여러 날 먹었으나 여호와께서 엘리야를 통하여 하신 말씀같
> 이 통의 가루가 떨어지지 아니하고 병의 기름이 없어지지 아니
> 하니라 왕상 17:15-16

말씀대로 행했더니 통의 가루와 병의 기름이 떨어지지 않는 기적이 나타났다. 마지막 음식을 먹고 죽으려 했던 사르밧 과부가 인생의 비참한 현실에서 웃을 수 있게 된 것은 하나님의 말씀 안에 있었기 때문이다. 엘리야의 말이 도무지 믿어지지 않지만 자기의 상식과 경험을 내려놓고 하나님의 말씀 안에 그의 인생을 두었더니 기적이 일어난 것이다. 이것이 그리스도인들이 누려야 할 축복이다. 그래서 우리는 늘 내가 하나님의 말씀 안에 있는가, 있지 않은가를 점검해야 한다. 가정과 직장에서 내가 하는 말과 행동이 하

나님의 말씀 안에 있는지 아닌지, 나의 판단과 결단과 행동이 하나
님의 말씀 안에서 이루어졌는지를 점검해야 한다.

하나님의 시간을 기다리라

사라가 임신하고 하나님이 말씀하신 시기가 되어 노년의 아브
라함에게 아들을 낳으니 창 21:2

하나님의 약속이 이루어질 때까지 인내하며 기다리는 시간이 우
리에게 필요하다. 이 말은 하나님의 능력이 부족하다는 뜻이 아니
라 하나님이 정하신 때에 하나님의 계획에 따라 이루어진다는 의
미다. 노년의 아브라함은 아들을 낳을 수 없는 상황에서 아들을 낳
았다. 그런데 그때가 하나님이 말씀하신 때라고 한다. 우리에겐 하
나님이 말씀하신 때까지 기다리는 인내가 필요하다.

우리는 내가 원하는 때에 응답 받지 못하고 지연될 때 낙심한다.
조급한 마음이 기다림을 방해하는 것이다. 그래서 아브라함과 사
라처럼 인간적인 방법으로 닥친 문제를 해결하고 싶은 유혹을 받
는다. 영국의 위대한 설교자 마이어(F.B Mayer)는 "하나님은 정하신
때를 가지고 계신다. 그러나 우리는 그 정하신 하나님의 시간을 알
수도 없고 알지도 못한다. 그러므로 우리는 하나님이 정하신 시간

이 오도록 기다릴 뿐이다"라고 말했다.

기다림 속에 축복이 오고 응답의 역사가 이뤄진다. 하나님의 때를 기다리는 것이 믿음이고, 장차 내게 일어날 하나님의 때, 그 하나님의 시간을 온전히 기다리는 것이 신앙생활이다. 지금 눈에 보이지 않고 손에 잡히지 않지만 하나님의 말씀 안에 머물면서 그때가 이루어지기를 기다리면 하나님은 반드시 기적을 일으켜 주신다.

그런데 하나님은 왜 우리가 기다림의 과정을 겪도록 하시는가? 그 이유는 하나님의 때가 이르도록 기다리는 동안 우리 삶의 조각들이 맞춰지기 때문이다. 그런 의미에서 기다림은 마이너스가 아니라 플러스다. 막연히 시간을 허비하는 게 아닌 것이다. 마치 요셉이 옥에 갇혀 있으면서도 성실하게 자기 삶을 살았기에 마침내 애굽의 총리가 된 것처럼 기다림은 황금을 낳는 시간이다.

하나님은 사라에게 언약의 아들 이삭을 바로 주시지 않았다. 하지만 아브라함과 사라는 기다리는 시간 동안 신앙 수업을 할 수 있었다. 인간적인 판단과 지혜로 살 때 어떤 시험을 당하게 되는지를 알았고, 어떤 환경과 조건 속에서도 하나님의 약속은 반드시 이루어진다는 사실도 깨달았다. 이 신앙 수업이 있었기에 그들은 믿음의 조상으로 거듭날 수 있었다.

이처럼 기다림은 신앙의 높은 언덕도 깊은 계곡도 경험케 한다. 그 과정에서 하나님을 온전히 신뢰하지 못해 넘어질 때도 있지만 하나님은 이런 삶의 조각들을 하나하나 질서정연하게 맞추셔서 결국 하나님의 때에 약속을 성취하신다.

나는 빨리 목사가 되고 싶었다. 어서 목사가 되어 설교도 하고 성도를 섬기고 싶었다. 하지만 하나님은 나의 생각과 달리 목사가 되기까지 모든 과정을 차근차근 밟게 하셨다. 폐가 심하게 아파 1년을 병석에 누워 있게 하셨고, 죽음의 문턱에서 극적으로 병이 치유되도록 하셨다. 또한 목회 중 성도와의 관계에서 크고 작은 일들을 겪게 하셨다. 그때는 너무 고통스러웠지만 지금 돌아보면 그 순간들이 하나님의 때에 목회자로 서게 하는 삶의 조각들이었다. 하나님은 기다림의 시간을 통해 나를 목사로 빚어 주셨다.

노아는 하나님이 말씀하신 심판의 때가 언제인지도 모른 채 120년이나 묵묵히 방주를 만들었다. 그런 노아를 사람들은 미쳤다고 비아냥거렸다. 하지만 하나님의 때가 이르렀을 때 방주에 올라 구원 받은 사람은 오직 노아와 그의 가족밖에 없었다.

다윗은 열여섯 살에 이스라엘의 왕이 될 것을 약속 받았다. 그러나 다윗은 14년이란 세월 동안 생명의 위협을 수차례 겪으며 때를 기다려야 했다. 그리고 하나님의 때에 다윗은 이스라엘의 위대한 왕이 되었다.

예수님이 승천하신 후 마가의 다락방에 있던 120명의 제자들도 예수님이 말씀하신 때를 기다리며 날마다 모여 오로지 기도에만 힘썼다.

오순절 날이 이미 이르매 그들이 다 같이 한 곳에 모였더니 홀
연히 하늘로부터 급하고 강한 바람 같은 소리가 있어 그들이
앉은 온 집에 가득하며 마치 불의 혀처럼 갈라지는 것들이 그
들에게 보여 각 사람 위에 하나씩 임하여 있더니 그들이 다 성
령의 충만함을 받고 성령이 말하게 하심을 따라 다른 언어들로
말하기를 시작하니라 행 2:1-4

그러나 오순절에 성령이 임하자, 제자들은 성령의 충만함을 입
고 복음의 화신으로 살아가게 되었다.

이처럼 하나님의 때를 기다리면 하나님께서 우리를 웃게 하신
다. 힘들고 더딘 것 같아도 말씀 안에서 기다리면 하나님께서 반드
시 약속을 성취하신다. 남편의 구원을 위해 오랫동안 눈물로 기도
했지만 도무지 변하지 않아 지쳤는가? 조금 더 기다리라. 하나님의
때에 이루어질 것이다.

이처럼 하나님이 정한 때가 있다. 그때는 반드시 온다. 그러므로
우리는 포기하지 않고 기다리면 된다. 어제보다 오늘이 더 가까워
졌음을 기뻐하며 기다리면 된다.

내가 여호와를 기다리고 기다렸더니 귀를 기울이사 나의 부르
짖음을 들으셨도다 나를 기가 막힐 웅덩이와 수렁에서 끌어올
리시고 내 발을 반석 위에 두사 내 걸음을 견고하게 하셨도다

새 노래 곧 우리 하나님께 올릴 찬송을 내 입에 두셨으니 많은

사람이 보고 두려워하여 여호와를 의지하리로다 시 40:1-3

다윗은 견딜 수 없는 상황에서도 기다렸다. 그런 다윗에게 하나님은 승리의 노래를 부르게 하셨다.

현대인은 그 어느 때보다 기다림을 못 견뎌 한다. 하루가 다르게 빠르게 변화하는 세상의 속도를 따라가기가 바쁘다. 우리의 눈과 마음을 빼앗는 자극적인 것들이 시시각각 쏟아져 나오니 잠시도 잠자코 있기가 힘들다.

이런 모습은 믿는 자들의 기도 생활에서도 그대로 나타난다. 절박한 문제를 안고 무릎을 꿇지만 하나님이 응답하시기도 전에 자리를 들고 떠나 버린다. 기다릴 수 없는 것이다. 조급한 마음을 버리고 하나님의 때를 기다리라. 신실하신 하나님은 기다리는 우리를 반드시 웃게 하실 것이다.

순종할 때 웃게 하신다

아브라함이 그에게 태어난 아들 곧 사라가 자기에게 낳은 아들

을 이름하여 이삭이라 하였고 그 아들 이삭이 난 지 팔 일 만에

그가 하나님이 명령하신 대로 할례를 행하였더라 창 21:3-4

아브라함은 이삭을 얻은 후 제일 먼저 하나님의 말씀에 순종했다. 아들을 낳자마자 이름을 이삭이라 지었고, 8일 만에 할례를 행했다. 성경은 이런 아브라함의 행동을 일컬어 "하나님이 명령하신 대로 행하였더라"고 말한다. 이 말은 하나님이 아브라함에게 "내가 네게 아들을 주겠다. 그 아이의 이름을 이삭이라고 해라. 그리고 그 아이가 태어나면 8일 만에 할례를 반드시 행해라" 하고 명령하신 그대로 아브라함이 지켰다는 뜻이다.

그러나 아브라함의 순종은 그렇게 단순한 것이 아니었다. 태어난 지 8일밖에 안 된 갓난아기에게 할례를 행한다는 것은 어쩌면 목숨을 위협하는 일일지도 모른다. 핏덩이 같은 아기의 생식기 표피를 자르는 것도 위험한데 만일 그 부위가 썩기라도 하면 큰일이다. 더구나 지금처럼 수술도구나 마취제가 있었던 것도 아니다. 아마 마음 같아선 이삭이 좀 더 자란 뒤에 할례를 행하고 싶었을 것이다. 하지만 아브라함은 하나님의 말씀에 즉각 순종했다. 인간적인 갈등이나 염려에 매이지 않고 즉각 순종했기에 아브라함은 웃게 하시는 하나님을 경험할 수 있었다.

이처럼 하나님은 우리에게 즉각적인 순종을 요구하실 때가 있다. 이때 미뤄선 안 된다. 미루기 시작하면 아무것도 할 수 없기 때문이다. 형편이 좀 더 나아지면 그때 순종하겠다는 사람이 있다. 하지만 성경은 미루는 것도 불순종이라고 말한다. 쉽든 어렵든 하나님의 명령에 즉각 순종하는 것이 참 그리스도인의 모습이다.

지금 나를 웃게 하시는 하나님을 경험하고 있는가? 그렇지 못하다면 우리 삶을 가만히 살펴보아야 한다. 혹시 하나님이 주신 선물을 전부로 여기며 하나님의 명령에 망설이고 주저하는 불순종의 삶을 살고 있지는 않은가? 지난 세월 기적과 같은 은혜를 수없이 주셨지만 거기에만 집착한 채 받고도 웃지 못하고 있지는 않은가? 왜 그런가? 우리 삶에 즉각적인 순종이 없기 때문이다. 교회에서 집사로 권사로 장로로 목사로 직분을 가지고 있지만 웃지 못하는 것은 순종을 상실해 버렸기 때문이다.

순종을 상실하면 하나님이 복을 주셔도 마음에 기쁨이 없다. 순종을 상실했다는 것은 이미 나의 삶이 불순종한다는 뜻이다. 불순종이 있는 곳에 하나님이 웃음을 주실 리 없다. 불순종에는 원망과 불평과 시비와 다툼이 따라올 뿐이다.

신앙의 진정한 승리자는 마지막까지 웃을 수 있는 사람이다. 성공적인 삶을 살았다고 자부해도, 몸이 부서져라 헌신된 삶을 살았어도, 힘든 삶의 질곡을 지났어도, 마지막까지 웃을 수 있는 신앙인이 복이 있다. 하나님은 순종하는 자를 끝까지 웃게 하신다.

웃게 하시는 하나님

말씀 안에 있을 때 웃게 하신다

사람들은 웃기 위해 애쓰지만 성경은 하나님의 말씀 안에서 우리가 웃을 수 있다고 가르친다. 나의 생각과 선택이 합리적으로 현명해 보여서 말씀을 무시하면 결코 웃을 수 없다. 우리는 '하나님이 하실 수 있을까, 없을까' 저울질하지만, 성경은 우리가 말씀 안에 '있느냐, 없느냐'를 묻는다. 우리는 말씀 안에서만 진정으로 웃을 수 있다. 말씀 안에 나의 인생을 두라. 그러면 기적이 일어날 것이다.

기다릴 때 웃게 하신다

하나님이 정하신 때가 있다. 기다림 속에 축복이 오고 응답의 역사가 이루어진다. 하나님의 때에 아브라함에게 언약의 아들 이삭을 주셨듯이, 그때는 반드시 온다. 그러므로 우리는 포기하지 않고 기다리면 된다. 기다림을 통해 하나님은 우리 삶의 조각들을 질서정연하게 맞추신다. 나를 하나님의 자녀답게 빚으신다. 힘들고 더딘 것 같아도 말씀 안에서 기다리면 하나님께서 우리를 웃게 하실 것이다.

순종할 때 웃게 하신다

태어난 지 8일밖에 안 된 갓난아기에게 할례를 행한다는 것은 어쩌면 목숨을 거는 위험한 일이었다. 하지만 아브라함은 하나님의 말씀에 즉각 순종했다. 인간적인 갈등이나 염려에 매이지 않고 바로 순종했기에 아브라함은 웃게 하시는 하나님을 경험할 수 있었다. 이처럼 하나님이 우리에게 순종을 요구하실 때 즉각 반응해야 웃을 수 있다.

chapter 8
의로우심

하나님은 영적 걸림돌을
제거하신다

몇 해 전 대입 수능시험에 69세 할
머니가 응시해서 세상의 이목을 집중시켰다. 기자들이 할머니를
찾아가서 늘그막에 대학에 가는 이유를 묻자, 할머니는 거두절미
하고 "배우고 싶어서"라고 대답했다. 69년의 세월 동안 할머니의
가슴속에 꺼지지 않는 열망은 바로 '배워야 한다'였던 것이다. 기자
가 다시 물었다. "지금 대학에 가서 무엇 하려는 겁니까?" 그때 할
머니는 이렇게 대답했다. "아는 만큼 행복하니까요."

　할머니는 인생이 아는 만큼 풍요롭고 윤택해진다고 믿은 모양이
었다. 신앙생활도 마찬가지다. 하나님을 아는 만큼 신앙생활이 풍
요롭고 윤택해진다. 하나님을 모르면서 신앙생활을 열심히 하면

결코 행복할 수 없다.

> 여호와께서 말씀하신 대로 사라를 돌보셨고 여호와께서 말씀
> 하신 대로 사라에게 행하셨으므로 사라가 임신하고 하나님이
> 말씀하신 시기가 되어 노년의 아브라함에게 아들을 낳으니 창
> 21:1-2

하나님의 때가 되었을 때 아브라함은 이삭을 얻었다. 아브라함
이 노년에 이삭을 얻었다는 말은 전혀 기대할 수 없는 중에 하나님
께서 약속을 성취해 주셨다는 의미다. 이삭의 뜻은 '웃음'인데 하나
님께서 직접 지어 주신 이름이다. 이삭을 얻은 후 아브라함도 아내
사라도 행복한 웃음을 짓게 되었다.

그렇다면 하나님이 이삭을 주시고, 특별히 이름까지 직접 지어
주신 이유는 무엇일까? 하나님은 당신의 약속을 통해 우리가 풍요
롭고, 즐겁고, 복된 삶을 살기를 바라시기 때문이다.

그런데 약속의 아들 이삭을 얻고 웃음으로 가득 찼던 아브라함
의 가정에 어느 순간 웃음이 사라졌다.

> 아브라함이 그의 아들로 말미암아 그 일이 매우 근심이 되었더
> 니 창 21:11

아브라함에게는 약속의 아들 이삭을 얻기 전에 사라의 몸종인 하갈을 통해 얻은 자식이 있었다. 바로 이스마엘이다. 그런데 이삭이 젖을 떼어 큰 잔치를 베풀던 그날에 이스마엘이 이삭을 괴롭히는 것을 사라가 목격했다. 그러자 사라가 아브라함에게 이스마엘과 하갈을 내쫓아 버리라고 요구한다. 아브라함은 이 때문에 큰 근심에 빠지게 되었다. 이때 하나님이 아브라함을 찾아오셨다.

> 하나님이 아브라함에게 이르시되 네 아이나 네 여종으로 말미암아 근심하지 말고 사라가 네게 이른 말을 다 들으라 이삭에게서 나는 자라야 네 씨라 부를 것임이니라 창 21:12

이 구절을 가만히 살펴보면 하나님이 어떤 분인지 이해된다. 사라가 몸종인 하갈에게 "내 남편과 동침해서 아이를 낳아 주면 좋겠다"고 부탁해서 낳은 아들이 이스마엘이다. 그런데 사라가 이제는 하갈과 그의 아들 이스마엘을 쫓아내려고 한다. 윤리적으로 보면, 아브라함은 인륜을 저버린 아버지로, 하갈은 매우 억울한 여인으로 보인다.

그런데 아브라함이 사라의 요구를 따를 수도 거절할 수도 없어서 고민에 빠져 있을 때 하나님은 "근심하지 말고 하갈과 이스마엘을 내쫓으라"고 하셨다. 뿐만 아니라 13절에서 하나님은 더욱 이해하기 어려운 말씀을 하신다.

그러나 여종의 아들도 네 씨니 내가 그로 한 민족을 이루게 하

리라 하신지라 창 21:13

이스마엘은 '언약의 씨', '약속의 아들'이 아니기 때문에 아브라함에게 "내쫓으라"고 하시더니 이제는 "이 아들도 네 씨다", "그 아들로 큰 민족을 이루게 하겠다"고 하신 것이다. 참 이해할 수 없는 말씀이다. 우리도 신앙생활을 하다 보면 이런 이해할 수 없는 상황과 만날 때가 있다. 그럴 때 열심히 기도하고 섬기다가도 신앙의 행진을 멈추고 그 자리에서 주저앉게 된다.

그래서 우리는 하나님을 더 알아야 한다. 하나님은 우리가 선뜻 이해하기 힘든 이 일을 통해 무슨 말씀을 하고 싶으신 걸까?

언약에 의로우시다

인간은 하나님의 섭리와 주권적 사역을 다 이해할 수 없다. 그리고 하나님의 일을 다 알 수도 없다. 그렇기에 만일 이해할 수 없는 상황과 맞닥뜨렸다면, 하나님을 신뢰하며 묵묵히 나아가는 지혜가 필요하다.

그런데 우리는 이처럼 이해할 수 없는 상황 앞에서 무엇을 근거로 하나님이 의롭다고 말하는가? 하나님은 언약에 대해서 의로우신 분이기 때문이다. 이는 곧 우리에게 주신 약속을 반드시 이루시

는 분이라는 뜻이다.

이스마엘이 아브라함 집에서 쫓겨난 발단은 이렇다. 당시 이스마엘은 17~18세 청년이었고 이삭은 이제 젖을 뗀 아이였다. 당시는 4~6세에 젖을 떼었다고 하니 이삭의 나이도 그즈음이었을 것이다. 젖을 떼는 축제의 날에 이스마엘이 동생 이삭을 놀렸다가 집에서 쫓겨나게 된 것이다.

자녀들끼리는 서로 싸우면서 자란다. 어느 날은 서로 잡아먹을 듯이 싸우다가도 어느 날은 둘도 없는 사이처럼 애정을 나누면서 자란다. 어느 집이나 사정은 다르지 않은데, 이스마엘이 동생 이삭을 놀렸다고 해서 집에서 쫓아낸다니, 얼른 이해하기 어렵다. 더구나 하나님도 그렇게 하라고 허락을 하시니 더 혼란스럽다.

그런데 성경을 자세히 보면 이 사건은 단순히 이스마엘이 이삭을 놀린 차원의 사건이 아님을 알 수 있다. '놀리다'는 히브리어로 '차하크'(צָחַק)로 '비웃다', '조롱하다'는 의미인데, 특별히 '성적인 희롱'이나 '성적인 행동'을 묘사할 때 이 단어를 쓴다. 창세기 26장 8절에서 이삭이 그의 아내 리브가를 껴안으며 애정행각을 벌인 것을 묘사할 때도 이 단어를 사용했다. 또 창세기 39장에서 보디발의 아내가 요셉을 유혹하려다 실패하자 오히려 요셉에게 누명을 씌우면서 "저 히브리인 종이 나를 희롱했다"(창 39:14)고 말하는데, 이때도 '차하크'라는 단어를 사용했다. 따라서 이스마엘은 단순히 장난을 치며 놀린 정도가 아니라 이삭이 수치와 모욕감을 느낄 정도로 심하게 놀린 것이다.

하나님이 보시기에 이스마엘의 이 같은 행동은 이삭을 언약의 자손으로 인정하지 않는 행위로 여겨졌다. 그래서 하나님은 하갈과 이스마엘을 쫓아내라고 하신 것이다. 이는 사라의 주장에서도 엿볼 수 있다.

> 그가 아브라함에게 이르되 이 여종과 그 아들을 내쫓으라 이 종의 아들은 내 아들 이삭과 함께 기업을 얻지 못하리라 하므로 창 21:10

사라가 남편인 아브라함에게 이스마엘과 하갈을 내쫓으라고 한 것은, 부모로서 이삭이 고통당한 것이 분해서가 아니라, 이스마엘의 행동을 하나님의 언약을 훼손하고 반항하는 것으로 여긴 신앙의 태도로 보아야 한다.

하나님은 이삭을 선물로 주어 그 가정을 웃게 하고 싶으셨다. 그런데 지금 이스마엘 때문에 그 가정에 웃음과 기쁨이 사라지고, 근심과 갈등, 고통이 커지고 있다. 그러므로 이 사건을 통해 우리가 알 수 있는 것은, 하나님은 언약의 아들 이삭을 지키기 위해 자기의 언약에 대해서 철저하게 의로우신 분이라는 사실이다.

어린 이삭이 형 이스마엘을 이길 수 없었던 것처럼, 우리 삶에도 감당하기 어려운 문제가 닥칠 수 있다. 하나님의 약속만 바라보고 살아야 하지만, 우리 삶에는 그 약속을 온전히 붙들지 못하도록 방해하는 영적 이스마엘이 언제든지 도사리고 있다. 그럼에도 우리는 걱정할 필요가 없다. 언약에 의로우신 하나님이 우리가 고민하는 문제 속으로 친히 찾아오셔서 반드시 해결해 주실 것이기 때문이다. 하나님의 자녀답게 행동하지 못하도록 만드는 갖가지 유혹이 있고, 하나님의 복을 누리지 못하도록 만드는 절망이 시도 때도 없이 스며들고, 기도의 줄을 약하게 만들고 찬양의 힘을 빼는 힘센 고통이 버젓이 버티고 있지만, 언약에 의로우신 하나님을 바라볼 때 담대해질 수 있다.

나의 이스마엘은 무엇인가? 공갈과 협박으로 우리를 두려움에 떨게 만드는 영적 이스마엘은 무엇인가? 내가 붙잡은 언약의 말씀을 누리지 못하도록 가로막는 영적 이스마엘은 무엇인가? 언약의 하나님은 이 영적 이스마엘을 결코 간과하지 않으신다.

언약의 공동체에 의로우시다

하나님이 이스마엘을 아브라함의 가정에서 쫓아내신 이유는 이스마엘이 공동체를 훼손하고 있기 때문이다. 이스마엘 때문에 이삭이 고통받고 있고, 이스마엘 때문에 부부간에 갈등이 일어나고 있다. 이스마엘 때문에 기뻐해야 할 아브라함의 마음에 근심이 드리워져 있다. 사라, 아브라함, 이삭은 혈연관계이기도 하지만 하나님의 약속을 받은 사람들이다. 그런 점에서 아브라함의 가정은 언약의 공동체요 작은 교회다. 이스마엘은 이런 작은 교회를 훼손시키고 아름다운 신앙의 공동체를 허물고 있는 것이다. 언약의 공동체가 훼손당하고 있다는 것은 하나님의 주권과 계획이 훼손당하고 있다는 의미가 된다. 따라서 하나님은 침묵하지 않고, 언약의 공동체에 자신의 의를 나타내셨다.

누군가 교회를 '오합지졸' 같다고 평가했다고 한다. 사실 고향이나 취미, 사는 형편이 같아서 어울리는 세상 사람들과 비교하면 교회는 그야말로 오합지졸의 집단 같다. 전라도와 경상도 사람들이 어울리고, 지성인과 보통 사람이 어울리고, 부자와 가난한 이들이 어울려 하나의 공동체를 이룬다. 서로 간에 연결고리가 참으로 약해서 제대로 힘을 발휘할 수 없을 것 같다.

하지만 교회는 반석 위에 세운 집처럼 든든하다. 하나님의 공의가 실행되는 교회는 음부의 권세가 해치지 못한다. 음부의 권세가 침입하여 불법을 저지르는 것을 하나님이 절대 용납하시지 않기 때문이다. 하나님이 이스마엘을 쫓아내신 이유가 여기에 있다.

이 사건은 우리에게 두 가지 교훈을 준다. 먼저 교회를 섬길 때 담대함을 가지라는 것이다. 교회는 이단들의 계략이나 성도 간의 싸움과 갈등이 있다고 해서 쉽게 무너지는 곳이 아니다. 하나님의 공의가 임재하는 한 교회는 세상 권세나 이단의 계략에도 끄떡없다.

다른 하나는, 하나님의 의가 공동체 안에 나타난다는 것은 교회 공동체를 섬길 때 내 기분, 내 생각, 내 유익에 따라 섬겨선 안 된다는 것을 말한다. 이러한 자세는 늘 조심하고, 두려워하며, 겸손하게 교회를 섬기게 하는 토대가 된다. 또한 우리 가운데서 하나님의 의를 행하신다는 것은, 우리의 믿음을 순결하게 지키도록 하는 은혜의 손길이 된다.

세상을 향해서도 의로우시다

하나님은 이스마엘을 떠나보내시면서 그와도 언약을 맺으셨다. "너를 통해서도 내가 큰 민족을 이루겠다"고 약속하신 것이다. 하지만 성경은 내쫓긴 이스마엘과 하갈이 광야에서 방황했다고 기록한다. 광야로 내쫓긴 이들 모자는 갈 곳도, 거처할 곳도, 먹고 마실 것도 없어서 생명의 위협을 느꼈다. 그래서 통곡할 수밖에 없었다.

> 하나님이 그 어린아이의 소리를 들으셨으므로 하나님의 사자
> 가 하늘에서부터 하갈을 불러 이르시되 하갈아 무슨 일이냐 두
> 려워하지 말라 하나님이 저기 있는 아이의 소리를 들으셨나
> 니 창 21:17

광야로 쫓겨난 이스마엘이 물 한 모금 구하기 어려운 지경이 되자 목말라 죽겠다고 아우성을 쳤다. 자식이 죽음의 지경에 이른 것

을 그저 바라보아야 하는 어미 하갈의 심정이 얼마나 괴로웠겠는
가. 하갈도 통곡하며 광야에서 울부짖었다. 하나님은 그들을 안타
깝게 여기며 은혜를 베푸셨다. 이렇듯 하나님은 세상을 향해서도
의로우신 분이다.

> 하나님이 하갈의 눈을 밝히셨으므로 샘물을 보고 가서 가죽부
> 대에 물을 채워다가 그 아이에게 마시게 하였더라 창 21:19

하나님은 하갈의 눈을 밝혀 샘물을 찾도록 하심으로써 이스마엘
이 광야에서 죽도록 내버려두시지 않았다. 그렇게 살아난 이스마
엘은 광야에 거주하며 활 쏘는 자가 된다.

> 하나님이 그 아이와 함께 계시매 그가 장성하여 광야에서 거주
> 하며 활 쏘는 자가 되었더니 창 21:20

이 일을 통해 우리는 하나님은 교회 공동체뿐만 아니라 불신의
세상에 대해서도 의로우신 분임을 알 수 있다. 하나님의 의로운 권
세는 세상을 향해서도 작동된다는 뜻이다. 이것을 신학적으로 '하
나님의 보편적 공의', '하나님의 자연적 공의'라고 말한다. 그래서
하나님은 믿는 우리에게 고아와 과부, 즉 사회적 약자를 보살펴 줄
것을 당부하셨다.

간혹 믿지 않는 불신자들에 대해 '마귀의 자식'이라는 둥 '지옥에 갈 사람'이라는 둥 아주 못되게 말하는 사람들이 있다. 하지만 하나님은 신앙의 유무를 떠나서 사회적 약자들의 상처를 싸매고 치료해 주라고 가르치신다. 이는 하나님은 믿는 자의 하나님이면서 동시에 이 세상의 하나님임을 의미한다. 이스마엘과 그의 어머니 하갈에게 샘을 허락하셨듯이 하나님은 세상 어디서나 의로우신 분이다.

그렇다면 언약의 백성인 우리는 어떻게 살아야 하는가? 당연히 이스마엘처럼 살면 안 된다. 이웃을 조롱함으로 고통을 주고 공동체를 해치는 사람이어선 안 된다. 근로자들의 임금을 착취해서도 안 되고, 가난한 자는 무시하고 부자 앞에서는 굽실대서도 안 되며, 특별히 다문화 가정과 이주민 노동자들을 멸시해선 안 된다.

하나님은 언약에 대해서도 의로우시고, 언약의 백성과 세상에 대해서도 의로우시다. 그렇기에 내게 닥친 영적인 이스마엘 때문에 두려워하거나 좌절할 필요가 없다. 하나님은 반드시 영적 이스마엘과 같은 인생의 문제를 해결해 주실 것이다. 뿐만 아니라 내가 영적 이스마엘이 되어서도 안 된다. 교회에서 열심히 봉사하고 섬긴다 해도 누군가 나 때문에 상처를 받거나 공동체가 시끄러워진다면, 내가 바로 영적 이스마엘로서 공동체를 해치고 있는 것이다. 성도는 가정에서든 교회에서든 사회에서든 공동체를 해치는 이스마엘이 아니라 그리스도의 향기요 빛과 소금으로 살아가야 한다.

의로우신 하나님

언약에 대해서 의로우시다

하나님의 약속만 바라보고 살아야 하지만, 우리 삶에는 그 약속을 온전히 붙들지 못하도록 방해하는 영적 이스마엘이 도사리고 있다. 그럼에도 우리는 걱정할 것 없다. 언약에 의로우신 하나님이 우리가 고민하는 문제 속으로 친히 찾아오셔서 반드시 해결해 주실 것이기 때문이다.

언약의 공동체에 의로우시다

언약의 공동체가 훼손당하는 것은 하나님의 주권과 계획이 훼손당하는 것과 같다. 언약의 하나님은 공동체가 훼손당할 때 침묵하지 않고 공동체에 하나님의 의를 행하신다.

세상을 향해서도 의로우시다

하나님은 교회 공동체뿐만 아니라 불신의 세상에 대해서도 의로우시이다. 그래서 하나님은 믿는 우리에게 고아와 과부, 즉 사회적 약자를 보살펴 줄 것을 당부하셨다. 신앙의 유무를 떠나서 사회적 약자들의 상처를 싸매고 치료해 주라고 가르치셨다. 하나님은 믿는 자의 하나님이시면서 동시에 이 세상의 하나님이기 때문이다.

chapter 9
시험하심

하나님은 마음에게
물어보신다

잠언에는 "지식이 내 영혼을 즐겁게 할 것이요"(2:10)라는 말씀이 있다. 이 '지식'은 하나님을 아는 지식을 말한다. 하나님을 아는 지식은 사람을 행복하게 만들고 우리 영혼을 춤추게 한다. 하나님을 알 때 우리는 하나님이 기뻐하시는 믿음의 삶을 살아갈 수 있다. 순종하는 자녀가 부모에게 기쁨을 안겨 주듯이 순종하는 성도는 하나님을 기쁘시게 한다.

그 일 후에 하나님이 아브라함을 시험하시려고 그를 부르시되

아브라함아 하시니 그가 이르되 내가 여기 있나이다 창 22:1

하나님이 아브라함을 시험하려고 부르셨다고 한다. '하나님이 시험하신다'는 말은 사실 이해하기 쉽지 않다. 우리는 "시험에 들지 않도록 해라", "시험에 들면 안 된다"같이 '시험'이라는 말을 자주 쓴다. 그리고 이때 '시험'은 마귀나 사탄이 유혹하는 부정적인 의미로 사용된다. 사탄의 시험은 사람을 실족하게 하고 넘어뜨린다.

그런데 하나님도 우리를 '시험하신다'. 이 시험은 우리의 신앙을 점검하고 한 단계 성숙시키기 위한 것이다. 그렇다면 하나님이 주시는 시험은 무엇인가?

하나님이 아브라함을 '시험하겠다'고 하셨을 때 '시험'의 히브리어는 '나사'(נָסָה)로, 사람이나 사물의 질(質)을 평가한다는 의미다. '하나님이 아브라함을 시험하셨다'는 '하나님이 아브라함을 평가하셨다, 증명하셨다, 테스트하셨다'라는 뜻이다.

'나사'와 동일한 단어로 '바한'(בָּחַן)이 있다. 주로 '검사하다', '망을 보다', '지켜보다'라는 의미로 사용된다. 하나님은 아브라함을 가만히 지켜보면서 그가 어떤 사람인지, 신앙은 어느 수준에 이르렀는지를 평가하고 싶으셨다는 것이다. 따라서 하나님의 시험을

당했다면 무사히 통과하기를 힘써야 한다. 외면하거나 기피해선 안 된다. 그런데 문제는 그것이 하나님의 시험인지 아닌지를 분별하기 어렵다는 것이다. 과연 하나님은 언제 우리를 시험하시는가?

창세기 22장 1절에서 '그 일 후에' 아브라함을 시험하시려고 했다고 한다. 여기서 '일'은 '일들'로 복수다. 그러므로 정확히 말하면 '그 일들 후에'가 된다. '그 일들'이란 무엇인가? 앞 장인 21장에서 하나님께서 약속의 아들인 이삭을 아브라함에게 주신 후의 일들을 말한다.

이삭을 얻고 나서 아브라함과 사라는 하나님이 "나를 웃게 만드셨다"고 행복해했다. 노년에 얻은 아들을 이 부부가 얼마나 좋아했던지 이삭이 젖을 떼는 날 큰 잔치를 베풀었다. 바로 이때, 이삭 때문에 너무 기쁘고 즐거운 이때, 하나님이 아브라함을 시험하셨다. 우리는 여기서 하나님의 시험에 대한 우리의 생각을 뒤집는 가르침을 얻게 된다.

우리는 흔히 삶이 힘들고 어려울 때 시험이 찾아온다고 생각한다. 하지만 아브라함은 큰 은혜를 받고 나서 시험을 당하였다. 성경에는 이와 비슷한 예가 참 많다.

이스라엘 백성이 애굽에서 탈출할 때 첫 번째 만난 난관이 홍해였다. 홍해를 건너지 못한다면 뒤따라오는 애굽의 군대에게 다시 잡혀갈 수도 있는 위급한 상황이었다. 그런 절체절명의 순간에 하나님은 홍해를 가르셔서 이스라엘 백성이 마른 땅처럼 바다를 건너가게 하셨다. 이스라엘 백성은 홍해를 건넌 뒤 감격에 차서 하나님의 위대하신 능력을 찬양했다. 하지만 얼마 지나지 않아 이스라엘 백성은 또다시 큰 어려움에 직면하게 된다. 광야에서 사흘 길을 가는 동안 물을 얻지 못한 것이다. 마라에 이르렀으나 쓴 물이 나오자 그들은 어느새 홍해의 감격은 잊어버리고 하나님을 원망하고 불평했다. 그러자 하나님은 마라의 쓴 물을 단물로 바꾸어 그들을 먹이셨다.

> 모세가 여호와께 부르짖었더니 여호와께서 그에게 한 나무를 가리키시니 그가 물에 던지니 물이 달게 되었더라 거기서 여호와께서 그들을 위하여 법도와 율례를 정하시고 그들을 시험하실새 출 15:25

홍해를 가르시고 기적을 경험케 하신 후 하나님은 그들을 시험하셨다. 광야는 인간의 어떤 노력도 통하지 않는 곳이다. 먹고 마실 그 어떤 것도 구할 수 없는 곳이다. 전적으로 하나님의 공급하심이 없으면 살아갈 수 없는 곳이 광야다. 하나님은 매일 아침저녁으로 만나와 메추라기를 주어 그들을 먹이셨다. 그런데 이런 특별한 은혜가 주어진 그때에, 신앙의 감격과 기쁨이 넘치던 그때에 하나님께서 그들을 시험하셨다.

그때에 여호와께서 모세에게 이르시되 보라 내가 너희를 위하

여 하늘에서 양식을 비같이 내리리니 백성이 나가서 일용할 것

을 날마다 거둘 것이라 이같이 하여 그들이 내 율법을 준행하

나 아니하나 내가 시험하리라 출 16:4

하나님의 은혜가 우리 심령에 넘치고 기쁨과 즐거움으로 근심이 없는 그때에 하나님께서 우리를 시험하실 수 있음을 기억해야 한다. 하나님은 아브라함이 자신의 전부를 하나님께 드릴 수 있는지를 알아보고자 그를 시험하셨다.

여호와께서 이르시되 네 아들 네 사랑하는 독자 이삭을 데리고

모리아 땅으로 가서 내가 네게 일러 준 한 산 거기서 그를 번제

로 드리라 창 22:2

이삭은 아브라함에게 전부나 다름없는 존재다. 하나님도 그것을 아시고 '네 아들, 네 사랑하는 독자 이삭'이라고 말씀하신다. 100세에 얻은 아들 이삭을 내놓으라는 하나님의 요구는 아브라함의 삶에서 웃음을 완전히 빼앗아 가는 순종하기 어려운 것이었다. 이처럼 하나님이 주신 은혜와 축복으로 기뻐할 때 내 마음에서 기쁨이 송두리째 빠져나가는 일을 당했다면, 그때가 하나님이 나를 시험하시는 때다. 다시 말해 하나님의 은혜와 축복 속에서도 웃음과 감

사를 잃게 되었다면, 그때가 바로 하나님의 시험을 당한 때라는 의미다.

이런 시험을 당했을 때 이스라엘 백성은 대개 어떤 반응을 보였을까? 그들은 하나님을 원망했으며 자기들끼리 다투며 싸웠다. 하나님의 시험을 통과하지 못한 것이다. 하지만 아브라함은 달랐다.

아브라함은 그 어떤 말로도 하나님을 원망하거나 불평하지 않았다. 대신 즉각적인 순종으로 반응했다. 도대체 아브라함은 어떻게 이 같은 반응을 할 수 있었을까? 이것이 하나님의 시험임을 아브라함이 알았기 때문이다. 좋은 일이 생기면 반드시 나쁜 일이 따른다는 뜻의 '호사다마'(好事多魔)라는 고사성어가 있다. 행복한 순간에도 '시험'이 올 수 있다는 것을 기억할 때 그 시험을 통해 하나님을 기쁘시게 할 수 있다.

많은 교회에 집회를 다녀 보면 은혜로운 일들 뒤에 '시험'이 찾아오는 경우를 보게 된다. 어떤 교회는 성전을 건축한 후 성도들 간에 분쟁과 다툼으로 시험에 들기도 하고, 어떤 교회는 부흥의 순간에 서로 상처를 남기고 분열하는 아픔을 경험하기도 한다. 하나님의 축복 뒤에도 시험이 올 수 있다는 것을 알지 못하기에 넘어진 것이다.

시험을 분별하는 능력은 깨어 기도할 때 깨달을 수 있다. 하나님의 뜻을 잘 분별하는 영성이 있을 때 축복 중에 시험을 당할 수 있음을 기억하게 된다. 그리하여 아브라함처럼 시험을 통과할 수 있게 된다.

혹시 하나님의 은혜에 감사하지 못하고 하나님이 주신 축복에 기뻐하지 못하도록 시험에 들었는가? 하나님이 나를 지켜보고 계신다는 것을 기억해야 한다. 하나님이 나를 '평가하고 계신다'는 걸 잊지 말아야 시험을 당했을 때 넉넉히 이기고 합격할 수 있다.

하나님은 시험을 통해 순종을 보신다

하나님은 이삭을 불에 태워 죽이는 번제로 바치라고 하신다. 이를 통해 우리는 하나님이 주시는 시험은 매우 비합리적이고 비상식적임을 알 수 있다. 하나님의 시험은 우리가 이해할 수 없는 사건을 통해 온다. 그렇기 때문에 우리는 당황하고 쉽게 넘어진다. 하지만 아브라함은 역시 달랐다.

> 아브라함이 아침에 일찍이 일어나 나귀에 안장을 지우고 두 종
> 과 그의 아들 이삭을 데리고 번제에 쓸 나무를 쪼개어 가지고
> 떠나 하나님이 자기에게 일러 주신 곳으로 가더니 창 22:3

아브라함은 이삭을 번제로 바치기 위해 아침 일찍 떠날 채비를 한다. 이때 아브라함의 마음은 어땠을까? 아브라함은 하나님께 하고 싶은 말이 참 많았을 것이다. 이삭을 약속의 아들로 주셔 놓고

이제 와서 제물로 바치라니, 도대체 이해할 수 없다고 따지고 싶은 마음도 있었을 것이다.

사실 하나님의 요구는 윤리와 도덕적 관점에서 봐도 정당해 보이지 않는다. 공의의 하나님께서 사람을 제물로 바치라니, 도무지 하나님답지 않은 요구다.

그럼에도 하나님은 아브라함에게 이삭을 번제로 바치라고 하셨다. 번제는 히브리어로 '올라'(עֹלָה)로서 '올라가는 것', '오르막길', '계단'이라는 뜻이다. 번제는 하나님 앞에 '올라가는 것'을 의미한다. 제물을 불에 태워서 그 연기가 하나님 앞에 올라가는 것을 번제라고 한다. 그리고 번제로 '드려라'에서 '드린다'는 단어는 히브리어로 '알라'(עָלָה)인데, '올라'(עֹלָה)와 같은 단어다. 그래서 하나님의 시험은 '나를 내려놓고, 내 것을 하나님 앞에 올려 드리는 것'이다.

하나님이 이처럼 도무지 이치에 맞지 않는 요구를 하실 때 우리는 어떻게 해야 하는가? 대부분의 사람들은 귀한 아들을 지키기 위해 합당한 이유를 대며 하나님을 설득하려 들 것이다. '나의 자존심', '나의 지식', '나의 경험', '내가 가진 것'들을 움켜쥐기 위해 어떻게든 하나님의 요구를 회피하려 들 것이다. 하나님의 요구에 순종하면 다 빼앗길 줄로 생각하기 때문이다. 그런데 아브라함은 단 한마디도 대꾸하지 않았다. 그저 묵묵히 순종할 뿐이었다.

아브라함이 이에 번제 나무를 가져다가 그의 아들 이삭에게 지

우고 자기는 불과 칼을 손에 들고 두 사람이 동행하더니 창 22:6

아브라함은 불과 칼을 손에 들고 아들을 불사를 나무를 쪼개어서 아들의 등에 지우고, 함께 길을 떠난다. 이런 아브라함이 이상하지 않은가? 아브라함이 어쩐지 하나님의 마음을 알고 있는 것처럼 보이지 않는가? 그렇지 않고서야 어떻게 사랑하는 독자 이삭을 제물로 삼는 일에 이렇게 잠잠히 순종할 수 있단 말인가? 우리는 창세기 22장 7-8절에서 아브라함이 이미 하나님의 마음을 간파했을 거라고 짐작하게 된다.

> 이삭이 그 아버지 아브라함에게 말하여 이르되 내 아버지여 하니 그가 이르되 내 아들아 내가 여기 있노라 이삭이 이르되 불과 나무는 있거니와 번제할 어린 양은 어디 있나이까 아브라함이 이르되 내 아들아 번제할 어린 양은 하나님이 자기를 위하여 친히 준비하시리라 하고 두 사람이 함께 나아가서 창 22:7-8

아브라함은 이 시험이 어떤 의미를 가지고 있는지 알고 있었다. 하나님이 이삭을 빼앗아 가는 것이 시험의 의도가 아니라는 것을 알고 있었기 때문에 하나님의 명령에 순종할 수 있었던 것이다. 이것은 이 사건에 대한 하나님의 반응을 보면 더 잘 나타난다.

여호와의 사자가 하늘에서부터 그를 불러 이르시되 아브라함
아 아브라함아 하시는지라 아브라함이 이르되 내가 여기 있나
이다 하매 사자가 이르시되 그 아이에게 네 손을 대지 말라 그
에게 아무 일도 하지 말라 네가 네 아들 네 독자까지도 내게 아
끼지 아니하였으니 내가 이제야 네가 하나님을 경외하는 줄을
아노라 창 22:11-12

아브라함은 하나님의 명령대로 아들 이삭을 바치기 위해 사흘
길을 왔다. 그런데 정작 이삭을 번제로 삼으려는 순간 하나님은 손
도 대지 말라고 하신다. 이것을 우리가 이해할 수 있는 표현으로
고치면 이렇다.

"내가 네 아들을 달라고 했지만, 사실은 그것이 내 목표가 아니
야. 네가 독자 이삭까지도 아끼지 않고 나를 경외하는지 알고 싶었
던 거야."

하나님은 이삭을 빼앗아 가는 것이 목표가 아니었다. "내가 이
제야 네가 나를 경외하는 줄 알았노라"가 하나님이 우리 손에 쥐어
주고 싶던 합격 통지서였다. 아브라함은 이 시험에서 당당히 합격
통지서를 받은 것이다.

혹시 지금 감당하기 어려운 요구를 하나님께서 하시는가? 하나
님이 이삭을 요구하셨듯이 나의 전부라고 생각하는 것을 요구하시
는가? 하나님이 나의 청춘, 물질, 재능, 자식, 가정, 미래를 빼앗아

가시는 것처럼 보이겠지만, 사실은 '하나님 앞에 나를 내려놓는가' 를 보고 계실 뿐이다. 아브라함은 하나님 앞에서 어떤 주장도, 어떤 핑계도 대지 않았다. 다만 하나님 앞에 자신도 자식 이삭도 전부 내려놓았다. 이처럼 하나님의 시험을 당했다면 나를 하나님 앞에 내려놓고 하나님께 내어 드리면 된다.

하나님이 시험하시는 목적이 있다

아브라함은 하나님이 주신 복인 이삭을 끌어안고 집착하는 인물이 아니었음을 이 시험을 통해 우리에게 보여 주었다. 이것이 갖는 영적 의미는 매우 크다. 하나님은 우리에게 살아가는 동안 많은 복을 선물로 주신다. 자녀의 복, 물질의 복, 건강의 복, 사업의 복, 명예의 복, 가정의 복 등 말할 수 없이 많은 복을 선물로 주신다.

그러나 우리는 복을 주신 하나님은 잊어버리고 하나님이 주신 선물만 끌어안은 채 살아갈 때가 많다. 내 생명도, 내 자식도, 내 기업도, 내 재능도 하나님이 주신 선물인데, 우리는 어리석게도 그 선물만 가지려 하고 선물을 주신 하나님께 순종하고 싶어 하지 않는다. 예수님은 그것이 얼마나 어리석은지를 누가복음에서 꼬집고 있다.

하나님은 이르시되 어리석은 자여 오늘 밤에 네 영혼을 도로

찾으리니 그러면 네 준비한 것이 누구의 것이 되겠느냐 하셨으

니 눅 12:20

하나님은 아들을 바치라는 시험을 통해 아브라함의 사랑을 확인 하고 싶으셨다. 아브라함이 하나님께 얼마나 순종하는지를 확인하 고 싶으셨던 것이다.

우리는 '하나님을 사랑한다'고, '하나님은 전능하시다'고, '이 생 명도 달라시면 십자가에 내놓겠다'고 무수한 고백을 쏟아 놓는다. 하지만 막상 나의 신앙을 보여 달라는 하나님의 시험을 당하면 꼬 꾸라지며 도망치기 바쁘다. 성도는 아브라함처럼 자기의 믿음을 증 명할 수 있어야 한다. 신명기는 이것을 한마디로 이렇게 가르친다.

네 하나님 여호와께서 이 사십 년 동안에 네게 광야 길을 걷게 하신 것을 기억하라 이는 너를 낮추시며 너를 시험하사 네 마 음이 어떠한지 그 명령을 지키는지 지키지 않는지 알려 하심이 라 신 8:2

하나님은 우리의 마음을 알고 싶어 하신다. 화려한 미사여구를 늘어놓는 신앙의 고백보다 우리의 진실한 마음을 보고 싶어 하신 다. 만일 하나님을 향한 사랑을 열정적으로 고백하지만 헌신의 자 리에 서는 것이 두렵다면, 하나님의 위대하심과 전능하심을 외치

지만 감당할 수 없는 헌신의 자리를 보았을 때 피해 버리고 싶다면, 오직 예수밖에 없다며 주의 영광을 위해 살겠다고 고백하지만 정작 나의 삶 속에 희생이 없다면, 하나님께서 시간, 재능, 물질, 건강을 요구하실 때 그것을 빼앗아 간다고 생각한다면, 시험에 실패한 것이다.

시험의 목적을 알 때 하나님 앞에서 칭찬 받는 성도로 살아갈 수 있다. 시험의 상황과 의미를 알 때 우리는 아브라함처럼 불과 칼을 들고 하나님이 지시한 곳으로 담대하게 갈 수 있다. 그리고 그곳에 아들을 눕히고 칼을 치켜든 아브라함처럼 하나님을 향한 나의 마음을 보여 드릴 수 있다.

시험하시는 하나님

하나님은 나를 평가하신다

우리는 흔히 삶이 힘들고 어려울 때 시험이 찾아온다고 생각한다. 하지만 행복한 순간에 '시험'이라는 단어를 기억하지 않으면 하나님의 기쁨이 될 수 없다. 하나님이 나를 평가하신다는 걸 잊지 말아야 시험을 당했을 때 넉넉히 이기고 합격할 수 있다.

하나님은 시험을 통해 순종을 보신다

혹시 지금 감당하기 어려운 요구를 하나님께서 하시는가? 하나님이 나의 전부라고 생각하는 것을 요구하시는가? 하나님이 나의 것을 빼앗아 가시는 것처럼 보이겠지만 사실 '하나님 앞에 나를 내려놓는가'를 보고 계실 뿐이다. 그러므로 하나님의 시험을 당했다면 나를 하나님 앞에 내려놓고 하나님께 내어 드리면 된다.

하나님이 시험하시는 목적이 있다

하나님은 우리의 마음을 알고 싶어서 시험하신다. 화려한 미사여구를 늘어놓는 신앙의 고백보다 우리의 진실한 마음을 보고 싶어서 시험하신다. 시험의 상황과 의미를 알 때 우리는 아브라함처럼 불과 칼을 들고 하나님이 지시한 곳으로 담대하게 갈 수 있다.

chapter 10
준비하심

순종하면
하나님을 보여 주신다

이 땅의 모든 생명체가 시간이 지나
면 자라 가듯 예수 그리스도의 은혜로 새로운 생명을 얻은 백성은
그리스도와 교제하고 그 교제를 통해 그리스도를 알며 닮아 가게
된다. 특별히 그리스도와 교제하며 성숙해지는 과정에는 신앙적
'체험'이 반드시 포함되어 있다. 체험은 하나님을 맛보아 아는 것이
다. 체험은 하나님을 점점 깊이 알아가고, 하나님의 은혜를 누리며,
하나님이 원하시는 믿음의 수준에 이르도록 해준다.

믿음을 드리면 준비한 걸 보여 주신다

> 그 일 후에 하나님이 아브라함을 시험하시려고 그를 부르시되
> 아브라함아 하시니 그가 이르되 내가 여기 있나이다 여호와께
> 서 이르시되 네 아들 네 사랑하는 독자 이삭을 데리고 모리아
> 땅으로 가서 내가 네게 일러 준 한 산 거기서 그를 번제로 드리
> 라 창 22:1-2

이런 영적인 체험의 중심에 아브라함이 있다. 앞에서 살핀 것처
럼, 하나님은 아브라함을 시험하기 위해 부르셨다. 하나님이 그토
록 귀히 여기는 아들 이삭을 번제물로 바치라는 시험을 주셨지만,
아브라함은 그 시험을 넉넉히 통과했다.

> 하나님이 그에게 일러 주신 곳에 이른지라 이에 아브라함이 그
> 곳에 제단을 쌓고 나무를 벌여 놓고 그의 아들 이삭을 결박하
> 여 제단 나무 위에 놓고 손을 내밀어 칼을 잡고 그 아들을 잡으
> 려 하니 창 22:9-10

아브라함이 믿음으로 하나님의 시험을 통과하자 그제야 하나님
은 '준비하시는 하나님'으로 자신을 드러내신다.

사자가 이르시되 그 아이에게 네 손을 대지 말라 그에게 아무
일도 하지 말라 네가 네 아들 네 독자까지도 내게 아끼지 아니
하였으니 내가 이제야 네가 하나님을 경외하는 줄을 아노라 아
브라함이 눈을 들어 살펴본즉 한 숫양이 뒤에 있는데 뿔이 수
풀에 걸려 있는지라 아브라함이 가서 그 숫양을 가져다가 아들
을 대신하여 번제로 드렸더라 창 22:12-13

하나님은 아브라함과 이삭을 위해 한 숫양을 예비해 놓으셨다.
이 숫양은 이삭을 대신해서 번제로 삼기 위해 하나님이 준비해 놓
으신 제물이었다. 준비하시는 하나님은 이렇듯 시험이라는 통로를
통해서 만나 주신다. 그런 까닭에 우리의 관심은 하나님의 시험을
어떻게 통과할 것인가에 있어야 한다.

시험을 통과하는 비밀 열쇠는 단 하나, 믿음밖에 없다. 아브라함
이 하나님의 시험을 통과한 것도 오직 믿음으로였다. 이삭과 아브라
함이 주고받는 대화 속에서 그것이 잘 나타난다. 이삭이 아버지 아
브라함과 함께 불과 나무를 지고 모리아 산을 오르면서 "번제로 드
릴 어린 양이 어딨습니까?" 하고 묻자 아브라함은 이렇게 대답했다.

아브라함이 이르되 내 아들아 번제할 어린 양은 하나님이 자기를
위하여 친히 준비하시리라 하고 두 사람이 함께 나아가서 창 22:8

"하나님이 준비하실 거야"라는 아브라함의 대답은 곧 믿음의 고백이다. 혹자는 "네가 바로 제물이야"라고 말하자니 너무 가슴이 아파서 하나님이 준비하실 거라고 둘러댔다고 설명하기도 한다. 하지만 히브리서는 아브라함의 이 같은 행동을 '믿음의 행위'였다고 분명히 설명하고 있다.

> 아브라함은 시험을 받을 때에 믿음으로 이삭을 드렸으니 그는
> 약속들을 받은 자로되 그 외아들을 드렸느니라 히 11:17

이삭은 약속의 아들이었다. 하나님의 은혜의 선물이었고, 축복의 아들이었다. 그런 이삭을 하나님은 번제물로 요구하셨고, 아브라함은 믿음으로 이삭을 드렸다. 이때 아브라함의 믿음은 이것이었다.

> 그가 하나님이 능히 이삭을 죽은 자 가운데서 다시 살리실 줄
> 로 생각한지라 비유컨대 그를 죽은 자 가운데서 도로 받은 것
> 이니라 히 11:19

아브라함이 도무지 아이를 가질 수 없는 나이에 기적처럼 주신 아들을 순종하여 드리면 하나님이 그를 살리실 것이라고 믿었다는 것이다. 아브라함은 하나님의 시험에는 반드시 하나님의 또 다른

계획이 있을 것이라는 믿음이 있었다. 이 믿음이 있었기에 아브라함은 준비하시는 하나님을 만날 수 있었다.

'준비한다'는 히브리어로 '라아'(ראה)인데 '보고 계신다'는 의미도 포함한다. 시험하시는 하나님이 우리가 어떻게 반응하는지 보고 계신다는 뜻이다. 내가 하나님 앞에 믿음을 보여 드리면 하나님은 나를 위해 준비하신 것을 보여 주신다. 다른 말로 표현하면, 내가 믿음을 준비하면 나를 위해 준비하시는 하나님의 사랑을 체험하게 된다는 것이다. 성경은 이 기가 막힌 공식을 아브라함의 사건을 통해 가르치고 있다.

어떤 의미에서 신앙은 준비하시는 하나님을 기대하는 것이다. 내 자녀를 위해 준비하신 하나님, 내 가정과 인생의 미래를 준비하신 하나님을 기대하며 구하는 것이다.

순종의 길 끝에서 기다리신다

준비하시는 하나님은 기다리시는 하나님이다. 하나님은 우리가 믿음을 가지고 순종의 자리로 나아오기를 기다리신다.

아브라함은 하나님의 부름을 받은 후 이삭을 데리고 사흘 길을 갔다. 그런데 성경을 보면 사흘 동안 아브라함은 누구에게도 이 사실을 알리거나 의논한 적이 없다. 심지어 아내 사라에게조차 하나님의 명령을 알리지도 의논하지도 않았다. 아브라함은 하나님이 지시하신 산 모리아로 지체 없이 떠났을 뿐이었다.

하나님이 우리에게 무언가를 요구하실 때 사람들과 상의하지 않는 것이 좋다. 사람들과 상의하는 이유가 무엇인가? 하나님의 뜻에 순종하기 위해서가 아니라 그 부름을 모면하고 회피하기 위해서가 아닌가? 누군가 순종하지 않아도 괜찮다는 말을 해주기 바라서 사람들을 찾아다니는 게 아니겠는가? 준비하시는 하나님을 만나기 원한다면 하나님이 순종을 요구할 때 홀로 결단을 내려야 한다.

그런데 놀랍게도 모리아 산에 먼저 오셔서 아브라함을 맞이하신 분은 하나님이었다. 하나님은 우리에게 순종을 요구하시고 그 순종이 이루어지는 자리에 먼저 가셔서 우리를 기다리신다. 준비하시는 하나님을 사모하는가? 그 하나님을 만나기 원한다면 모리아 산까지 나가는 순종이 있어야 한다. 신앙의 연륜이 쌓였지만 아직 준비하시는 하나님을 만나지 못했다면 순종의 자리로 나가지 않았기 때문이다.

준비하고 기다리시는 하나님을 만나러 가는 여정은 단순하지 않다. 아브라함이 사흘 길을 가는 동안 얼마나 외롭고 힘들었겠는가?

모리아 산을 향해 아들을 데리고 떠나는 아브라함의 마음은 참으로 괴로웠을 것이다. 하루해가 저물어 빈 들판에서 아들과 잠을 청할 때면 아브라함은 이 귀한 아들과 함께하는 시간이 내일 아침까지일는지 저녁까지일는지 몰라서 하염없이 이삭의 얼굴을 바라보았을 것이다. 기다리시는 하나님을 만나러 가는 순종의 길은 이렇듯 결코 쉽지 않다. 순종의 땅 모리아에 있는 한 산까지 가는 길은 무슨 일이 벌어질지 알 수 없는 불확실한 길이며 반드시 대가를 치러야 하는 길이다. 그래서 더더욱 믿음이 요구된다.

우리는 아무리 하나님의 명령이라도 확실해질 때까지는 꼼짝하지 않는다. 결과를 알아야 가겠다고 버틴다. 그러나 준비하고 기다리시는 하나님을 만나려면 지체하지 않고 믿음으로 길을 떠나야 한다. 매우 고통스럽고 외롭겠지만 그럼에도 길을 나서야 한다. 그래야 먼저 와서 기다리시는 하나님을 만날 수 있다.

드디어 아브라함은 준비하신 하나님을 만나게 된다.

> 여호와의 사자가 하늘에서부터 그를 불러 이르시되 아브라함
> 아 아브라함아 하시는지라 아브라함이 이르되 내가 여기 있나
> 이다 하매 창 22:11

하나님이 아브라함을 시험하려고 부르실 때는 "아브라함아" 하고 한 번 부르셨다. 그런데 여기서는 하나님의 사자가 아브라함을 두 번 부른다. 아브라함이 하나님의 말씀을 따라 칼을 뽑아 아들을 잡으려 하자 다급해서 부르신 것이다. 시험을 받을 때는 아브라함이 다급했으나, 지시하신 그곳에 이르자 하나님이 다급해지셨다. 한편, "아브라함아 아브라함아" 하고 두 번 부르신 것은 아브라함의 순종이 너무 기뻐서이기도 하다. 바로 우리가 순종하기를 기다

리시는 하나님의 모습이다. 아브라함은 하나님을 만난 뒤 다음과
같이 고백했다.

아브라함이 그 땅 이름을 여호와 이레라 하였으므로 오늘날까
지 사람들이 이르기를 여호와의 산에서 준비되리라 하더라 창
22:14

모든 것이 불확실해 보이는 고통스런 길이었지만 믿음으로 순종
해서 그 길 끝까지 갔더니 여호와 이레의 하나님을 만났다는 것이
다. 준비하시는 하나님은 여호와의 산에서 나를 기다리고 계신다.
  수고 없이 받기만을 기다리고 있으면 하나님이 준비하신 복을
받을 수 없다. 준비하시는 하나님을 사모하지만 여호와의 산에 오
르지 않으면 하나님의 복이 내 것이 될 수 없다.
  견디기 힘든 고통 속에 있는가? 그래서 새벽마다 부르짖으며 기
도하고 있는가? 준비하신 하나님은 이미 모리아 산에서 우리를 기
다리고 계신다. 그 순종의 산으로 올라가면 하나님의 것을 내가 받
아 누릴 수 있다. 자녀들 때문에 1년이고 2년이고 10년이고 기도하
고 있는가? 모리아 산을 오르라. 거기서 하나님이 우리에게 주실
것을 준비하고 기다리신다.
  하나님에게서 순종의 삶을 요구 받았는데 그 결과를 확신할 수
없어서 망설이고 있는가? 필요한 것은 오직 믿음뿐이다. 하나님은

우리가 믿음으로 순종의 길을 걷기 원하신다. 하나님이 지시하신 모리아 산이 어디인가? 믿음으로 순종해서 길을 걸어가면 하나님이 우리의 이름을 부르며 두 팔 벌려 맞아 주신다. 그것이 성도의 행복이고, 성공이다.

더 큰 복을 체험케 하신다

모리아에 있는 한 산으로 간 아브라함은 그곳에서 하나님과 깊은 만남과 사귐을 체험하게 된다. 지시하신 산에서 준비하고 계신 하나님을 통해 깊은 하나님의 사랑을 경험하게 되었고, 나의 고통을 위로해 주시는 하나님의 완전한 인격을 체험하게 되었다. 이제 아브라함의 신앙은 더 깊은 믿음의 자리에 이르게 된 것이다.

신앙의 체험이 있는가? 우리는 흔히 기도할 때 몸에 진동이 오고, 방언을 하고, 병이 치료되는 어떤 현상을 체험이라고 생각한다. 하지만 아브라함이 지금 체험하고 있는 것은, 현상이 아니라 만남이다. 하나님과 깊이 사랑의 대화를 나누는 만남의 체험인 것이다. 아브라함은 순종의 결과로 이러한 체험을 하게 되었다. 모리아 산에 오르지 않으면 결코 경험할 수 없는 신앙의 체험인 것이다.

모리아 산에서 아브라함은 하나님의 준비하심을 체험했다.

아브라함이 눈을 들어 살펴본즉 한 숫양이 뒤에 있는데 뿔이

수풀에 걸려 있는지라 아브라함이 가서 그 숫양을 가져다가 아
들을 대신하여 번제로 드렸더라 창 22:13

이 말씀은 눈으로 읽으면 아무 감동이 없다. 그런데 삶으로 읽으
면 놀라운 감동이 있다. 아브라함이 이삭을 데리고 번제로 드릴 장
소로 간다. 그리고 아들 이삭에게 칼을 들어 내려치려 한다. 이때
아브라함의 심정이 어땠을까? 얼마나 두렵고 괴롭고 떨렸을 것인
가? 그 순간 하나님이 다급해서 "아브라함아 아브라함아" 부르시
면서 아브라함의 손을 멈추게 하신다. 그러자 수풀에 뿔이 걸린 숫
양 한 마리가 눈에 들어온다. 하나님이 아들 이삭을 대신해 번제로
바칠 제물을 준비하신 것이다. 이때 아브라함의 마음이 얼마나 기
쁘고 감사했을까? 또 얼마나 안심이 되었을까? 아브라함은 그 기
쁨을 "여호와 이레"(창 22:14)라고 표현했다.

'여호와 이레'는 '하나님이 준비하신다'는 뜻이다. 기쁨이 충만
해서 아브라함이 하나님을 '여호와 이레'라고 찬양한 것이다. 그것
은 이런 고백이었을 것이다.

"하나님이 보고 계셨네. 내 믿음을, 그 고통의 길을 걸어오던 나
를, 그 외로움의 길을 걸어오던 나를, 오직 믿음 하나 붙잡고 순종
의 길을 걸어오던 나를 하나님이 보셨네."

하나님이 준비하신 양을 잡는 아브라함의 마음은 얼마나 기뻤을
까? 머리부터 발끝까지 가죽을 벗기고 양의 피가 온몸에 튀어도 얼

마나 행복했을까? 그날 아브라함이 드린 번제는 일평생 최고의 제사였을 것이다.

그러므로 여호와의 산에서 준비된 제물은 아브라함에게는 절체절명의 필요였다. 당신에게 절체절명의 필요는 무엇인가? 반드시 필요한데 얻을 수 없어서 괴롭고 고통스러운 그것이 무엇인가?

하나님은 우리가 여호와의 산에 순종하며 오르기를 바라신다. 우리가 하나님이 준비해 놓으신 모리아 산을 오를 때 절체절명의 필요를 채워 주시는 하나님을 깊이 체험할 수 있다. 그러면 일평생 최고의 예배를 드릴 수 있다. 행복한 신앙생활을 할 수 있게 되는 것이다.

하나님은 이삭 위에 복을 잔뜩 얹어서 아브라함에게 돌려주셨다. 이삭도 하나님이 주신 복인데 거기에 더 큰 복을 얹어서 돌려주신 것이다.

> 이르시되 여호와께서 이르시기를 내가 나를 가리켜 맹세하노니 네가 이같이 행하여 네 아들 네 독자도 아끼지 아니하였은즉 내가 네게 큰 복을 주고 네 씨가 크게 번성하여 하늘의 별과 같고 바닷가의 모래와 같게 하리니 네 씨가 그 대적의 성문을 차지하리라 또 네 씨로 말미암아 천하 만민이 복을 받으리니 이는 네가 나의 말을 준행하였음이니라 하셨다 하니라 창 22:16-18

하나님께 바쳐졌던 이삭을 통해 하나님은 아브라함에게 큰 복을 주겠다고 하신다. 자손을 하늘의 별처럼, 바닷가의 모래처럼 많게 하겠다고 약속하셨을 뿐 아니라 대적의 성문까지 차지하고 천하 만민이 복을 얻도록 하겠다고 하신다. 순종의 끝은 하나님이 더 채워 주시는 축복을 체험하는 것이다.

하나님은 이미 우리에게 많은 복을 주었다. 하지만 이 복에 만족해서 현재에 머무르려고 해선 안 된다. 하나님은 아브라함에게 그랬듯이 복 위에 복을 얹어 주고 싶어 하시는 분이다. 목회 현장도 똑같다. 교회가 부흥하고 건물이 커지면 거기에 만족해서 머무르고 싶어 한다. 마치 이삭을 받은 축복으로 만족하겠다는 것과 같다.

교회도 우리도 하나님의 부르심이 있을 때 믿음으로 순종해서 기다리시는 하나님을 체험해야 한다. 아브라함처럼 결과를 알 수 없더라도 순종으로 나아갈 때 그 길의 끝에는 풍성한 감사와 감격 밖에 없음을 알아야 한다.

아브라함의 복은 여기서 그치지 않는다. 창세기 24장 1절을 보면 "아브라함이 나이가 많아 늙었고 여호와께서 그에게 범사에 복을 주셨더라"고 했다. 하나님의 복의 행진은 멈추지 않았던 것이다. 그리고 이 축복은 모리아에 있는 산에 예루살렘 성전이 세워져서 이스라엘 백성 모두가 하나님을 경배하게 되는 복으로까지 이어졌다. 역대하를 보면 그 사실을 확인할 수 있다.

솔로몬이 예루살렘 모리아 산에 여호와의 전 건축하기를 시작

하니 그곳은 전에 여호와께서 그의 아버지 다윗에게 나타나

신 곳이요 여부스 사람 오르난의 타작마당에 다윗이 정한 곳이

라 대하 3:1

순종의 산 모리아는 예루살렘 성전이 세워진 곳인 동시에 더 오랜 시간이 지난 뒤 인류를 구속할 메시아가 십자가를 지고 오른 골고다의 언덕이기도 하다.

그들이 예수를 맡으매 예수께서 자기의 십자가를 지시고 해골

(히브리 말로 골고다)이라 하는 곳에 나가시니 요 19:17

예수께서 못 박히신 곳이 성에서 가까운 고로 많은 유대인이

이 패를 읽는데 히브리와 로마와 헬라 말로 기록되었더라 요

19:20

예수님이 십자가에 달린 곳은 예루살렘 성에서 가까운 곳, 곧 모리아 산 동쪽이라고 한다. 아브라함이 순종으로 오른 산이 온 인류를 구원하는 구속사역의 현장이 된 것이다.

성도는 아브라함처럼 준비하시는 하나님을 만날 때 신앙이 더 깊어지고, 더 큰 축복을 경험하게 된다. 그러므로 성도는 믿음으로

살 뿐 아니라 순종의 행진을 멈춰선 안 된다. 외롭고 고통스러울지라도, 아무리 계산해도 답이 보이지 않을지라도, 멈추거나 외면하거나 포기하지 않고 나의 모리아 산에 믿음으로 오를 때 놀라운 기적을 반드시 경험하게 된다

준비하시는 하나님

하나님은 시험하신다

아브라함은 하나님의 시험에는 반드시 하나님의 또 다른 계획이 있을 것이라는 믿음이 있었다. 준비하시는 하나님은 시험이라는 통로를 통해서 우리를 만나 주신다. 시험을 통과하는 비밀 열쇠는 단 하나, 믿음밖에 없다. 내가 하나님 앞에 믿음을 보여 드리면 하나님은 나를 위해 준비하신 것을 보여 주신다. 어떤 의미에서 신앙은 준비하시는 하나님을 기대하는 것이다.

순종의 길 끝에서 기다리신다

순종의 땅 모리아에 있는 한 산까지 가는 길은 무슨 일이 벌어질지 알 수 없는 불확실한 길이며 반드시 대가를 치러야 하는 길이다. 그래서 더더욱 믿음이 요구된다. 매우 고통스럽고 외로운 길이지만 그럼에도 믿음으로 순종해서 길을 나서야 한다. 아무리 사모하더라도 여호와의 산에 오르지 않으면 하나님의 복이 내 것이 될 수 없다. 믿음으로 순종의 길을 걸어야 먼저 와서 기다리시는 하나님을 만날 수 있다.

더 큰 복을 체험케 하신다

도무지 이해할 수 없는 하나님의 요구가 있다면 믿음으로 순종해서 모리아 산에 올라야 한다. 신앙은 하나님과 깊이 사랑의 대화를 나누는 만남의 체험이다. 아브라함처럼 결과를 알 수 없더라도 순종으로 나아갈 때 하나님을 깊이 체험할 수 있디. 하나님과 깊이 사랑의 대화를 나누는 만남의 체험을 할 수 있다. 하나님은 순종의 시험을 이긴 자에게 더 큰 복을 채워 주신다.

chapter 11

계획하심

하나님은 확실한 길로
인도하신다

같은 교회에서 한 하나님을 섬기며
함께 예배드리지만 믿는 자의 삶은 하늘과 땅 차이만큼이나 다를
수 있다. 하나님이 주시는 그 풍성한 은혜와 사랑을 누리고 맛보며
사는 이들이 있는가 하면, 마치 가뭄에 갈라 터진 강바닥처럼 아주
삭막하고 메마른 삶을 사는 이들도 있다. 뿐만 아니다. 하나님이 주
시는 은혜로 그 심령이 감격과 기쁨에 젖어 예배를 드리는 이들이
있는가 하면, 도살장에 끌려온 양처럼 마지못해 예배에 참여하는
이들도 있다.

　당신은 어떤가? 하나님의 은혜로 날마다 기쁘고 풍요로운가, 아
니면 아주 삭막하고 메마른가? 과연 어떻게 해야 하나님이 약속하

신 신앙의 풍요를 누릴 수 있을까? 성경은 하나님을 알면 된다고 한마디로 잘라 말한다. 하나님을 알면 하나님이 주시는 은혜와 축복을 누리며 살 수 있다는 것이다.

오늘과 내일을 철저히 계획하신다

창세기 24장에는 아브라함의 아들 이삭이 결혼하는 이야기를 무려 67절이나 할애해서 기술하고 있다. 성경에서 단일한 사건을 다룬 이야기 중 가장 길다고 할 수 있다. 성경은 왜 이 사건을 이토록 길게 다루고 있는 걸까?

본문을 보면 네 명의 주인공이 등장한다. 아브라함과 늙은 종 엘리에셀 그리고 이삭과 그의 아내 리브가다. 성경은 이 네 사람을 중심으로 하나님이 어떤 분인지를 전달하고 싶어서 이토록 길게 사건을 전하고 있다.

창세기 24장은 아브라함이 나이가 많아 늙자 늙은 종 엘리에셀에게 그의 아들 이삭의 아내를 구해 올 것을 부탁하는 것으로 시작된다. 이때 아브라함은 자신이 평생 믿은 하나님을 엘리에셀에게 소개한다.

> 내가 너에게 하늘의 하나님, 땅의 하나님이신 여호와를 가리켜
> 맹세하게 하노니 창 24:3

아브라함은 하나님이 '하늘의 하나님이요', '땅의 하나님'이라고 소개한다. 과연 '하늘의 하나님', '땅의 하나님'은 어떤 하나님일까? 그것은 '계획하시는 하나님'을 의미한다. 하나님은 역사의 주관자로서 어떤 일을 즉흥적이거나 충동적으로 실행하시는 분이 아니다. 그분은 철저하게 계획하시고 한 치의 실수도 없는 전능하신 하나님이다.

아브라함은 엘리에셀에게 아들 이삭의 아내를 구해 오라고 부탁하면서 한 가지 조건을 제시한다.

> 내가 너에게 하늘의 하나님, 땅의 하나님이신 여호와를 가리켜 맹세하게 하노니 너는 내가 거주하는 이 지방 가나안 족속의 딸 중에서 내 아들을 위하여 아내를 택하지 말고 내 고향 내 족속에게로 가서 내 아들 이삭을 위하여 아내를 택하라 창 24:3-4

이삭의 아내가 될 여자를 지금 살고 있는 가나안 땅에서 찾지 말고 아브라함이 떠나온 고향 땅에 가서 자기 족속 가운데서 찾으라는 것이다. 여기서 '내 고향 내 족속'은 아브라함이 떠나온 갈대아 우르를 말하는 것이 아니라 아브라함이 잠깐 머물렀던 하란을 의미한다. 아브라함이 이렇게 요구한 것은, 당시 믿음의 자녀들이 가나안 땅에 거주하면서 가나안 여자들과 혼인한 뒤 믿음을 지키지 못하고 도리어 타락해 우상을 숭배했기 때문이다. 그래서 아브라함은 이삭만큼은 가나안 여자가 아닌 고향 땅에서 데려온 여자와 결혼하기를 원했다.

이때 늙은 종 엘리에셀은 과연 자신이 그렇게 멀리 가서 믿음의 여인을 만날 수 있을지, 설사 만났더라도 그 여인이 선뜻 자신을 따라나설지 의문이라고 아브라함에게 말한다. 그러자 아브라함은 엘리에셀에게 자신이 믿는 하나님을 다시 소개한다.

> 하늘의 하나님 여호와께서 나를 내 아버지의 집과 내 고향 땅
> 에서 떠나게 하시고 내게 말씀하시며 내게 맹세하여 이르시기
> 를 이 땅을 네 씨에게 주리라 하셨으니 그가 그 사자를 너보다
> 앞서 보내실지라 네가 거기서 내 아들을 위하여 아내를 택할지
> 니라 창 24:7

지금 아브라함이 가나안 땅을 떠날 수 없는 이유를 밝히고 있다. 이 말을 쉽게 풀면 "하나님께서 나를 이 땅으로 오게 하셨다. 그리고 이 땅을 내 씨인 이삭에게 주겠다고 약속하셨다. 그러니까 나는 이 땅을 떠날 수 없고 내 아들 이삭도 이 땅에서 고향으로 돌려보낼 수 없다"가 된다. 또한 "하나님이 나를 여기까지 이끌어 주셨다면 우리 아들의 아내를 찾는 일도 하나님이 반드시 계획해 놓으셨음을 믿는다"는 말이다. 그래서 아브라함은 하나님께서 주신 약속을 의지하여 종에게 '네 머리로 걱정하고, 네 생각으로 판단하지

말고 순종해서 그곳으로 가면 하나님의 사자가 이삭의 아내를 찾도록 해줄 것이다'라고 명령하고 있다.

이처럼 아브라함은 하나님을 자기의 인생뿐만 아니라 아들의 인생도 계획하고 성취하시는 분이라고 소개하고 있다. 이것을 신학적인 용어로 말하면 '하나님의 선행적 계획하심'이다. 우리는 오늘을 보고 살아가지만 하나님은 이전부터 현재 겪고 있는 사건들과 앞으로 겪게 될 일들을 계획하셨다고 말하고 있다. 이 믿음이 있었기 때문에 아브라함은 불신의 땅 가나안에서 믿음의 행진을 할 수 있었다.

우리는 여기서 두 가지 유형의 인물을 만나게 된다. 먼저 아브라함이다. 아브라함은 하나님을 철저하게 계획하시는 하나님으로 믿고 순종한다. 반면, 아브라함의 종 엘리에셀은 아브라함의 명령에 순종하긴 하지만, 과연 아브라함의 말처럼 이삭의 아내가 될 여자를 만날 수 있을지, 혹시 만난다 하더라도 선뜻 가나안 땅으로 따라나설지, 그 마음에 의심과 갈등이 많다. 하나님의 계획하심을 신뢰하기보다 자신의 생각과 방법으로 해결하고자 하는 사람이 엘리에셀 같은 유형이다.

당신은 어떤 유형에 속하는가?

하나님의 살아 계심을 믿고, 그 하나님이 우리를 위해 계획하시는 하늘의 하나님이심을 믿으며, 하나님이 말씀하시면 '아멘' 하며 반응을 하지만, 믿음으로 순종해야 할 자리에서는 나의 합리적 판단과 경험을 앞세워 '하나님 그게 이루어질까요?', '차라리 이렇게 하는 것이 더 좋지 않을까요?' 하며 나의 판단과 주장을 고집하고 있다면 당신은 엘리에셀 유형이다.

성경은 우리에게 하늘의 하나님은 나의 오늘과 내일을 철저하게 계획하시는 분이라고 가르친다. 이 하나님이 믿어지는 은혜가 있어야 험한 세상을 가로지르는 믿음의 행진을 할 수 있다.

인생은 누구에게나 한 번뿐이다. 누구도 지나온 시간을 다시 살지 않는다. 우리는 모두 살아 본 적 없는 삶을 살아가고 있다. 그래서 인생에 필요한 것이 '하나님이 나의 미래를 계획하고 계셔'라는 믿음이다. 불확실하고 고난이 많은 인생길이지만 전능하신 하나님이 나를 향한 계획을 가지고 있다는 믿음이 있으면 끝까지 완주할 수 있다.

교회도 마찬가지다. 교회 공동체를 향한 하나님의 계획하심이 있다는 믿음이 있어야 세상의 공격 가운데서 하나님을 기쁘시게 할 수 있다. 우리와 공동체를 향한 하나님의 계획하심이 있다는 믿음이 있을 때, 우리는 세상과 타협하지 않고 저항하며 살아갈 수 있다.

하나님의 계획을 믿으라. 계획하시는 하나님을 신뢰하라. 계획하시는 하나님을 의지해서 거친 세상을 믿음의 사람답게 담대하게 살아가라. 당장 내 눈앞에 펼쳐진 현실은 암담하고 참혹할 수 있다. 그럼에도 내 생각, 내 경험을 내려놓고 나를 향한 하나님의 계획하심을 믿고 세상을 이기라.

계획하신 대로 인도하신다

하나님은 우리 인생에 대해 위대한 계획을 갖고 계시다. 그리고
그 계획을 이루기 위해 우리를 인도하신다.

늙은 종 엘리에셀은 아브라함의 요청으로 이삭의 신붓감을 찾기
위해 먼 길을 떠났다. 아브라함이 하나님이 먼저 사자를 보내어 예
비할 것이라고 알려 주었지만, 엘리에셀에겐 아브라함과 같은 확
신이 없다. 그래서 엘리에셀은 길을 가면서 하나님의 도우심을 구
하는 기도를 한다.

> 그가 이르되 우리 주인 아브라함의 하나님 여호와여 원하건대
> 오늘 나에게 순조롭게 만나게 하사 내 주인 아브라함에게 은혜
> 를 베푸시옵소서 창 24:12

13-14절에선 그 기도가 더 구체적이다.

> 성 중 사람의 딸들이 물 길으러 나오겠사오니 내가 우물 곁에
> 서 있다가 한 소녀에게 이르기를 청하건대 너는 물동이를 기울
> 여 나로 마시게 하라 하리니 그의 대답이 마시라 내가 당신의

낙타에게도 마시게 하리라 하면 그는 주께서 주의 종 이삭을
위하여 정하신 자라 이로 말미암아 주께서 내 주인에게 은혜
베푸심을 내가 알겠나이다 창 24:13-14

엘리에셀의 기도를 쉽게 풀어 보면 이렇다.

"하나님, 지금 내가 성 안으로 들어가면 처녀들이 우물가에 물을
길러 나올 텐데 그때 내가 누군가를 붙들고 내게 물을 좀 달라고
말을 건네겠습니다. 그때 '내게만 아니라 당신의 낙타들에게도 물
을 먹이겠다'고 먼저 말하면 그 처녀가 우리 주인이 찾는 분인 줄
내가 확신하겠습니다."

그런데 엘리에셀의 기도가 끝나기도 전에 놀라운 일이 일어난다.

말을 마치기도 전에 리브가가 물동이를 어깨에 메고 나오니

창 24:15

우물가에 찾아온 여인의 이름은 리브가다. 엘리에셀이 리브가에
게 마실 물을 좀 달라고 하자, 리브가는 놀랍게도 엘리에셀에게 물
을 떠 주면서 먼 길을 온 낙타들에게도 물을 길러 먹이겠다고 말한
다. 아브라함이 말한 대로 하나님이 먼저 가서 이삭의 짝을 준비해
놓으시고 그 일이 성사되도록 이끄신 것이다.

엘리에셀은 하나님의 계획대로 진행되고 있음을 느꼈지만 서두

르지 않았다. 그는 이것이 확실한 하나님의 계획하심인지 신중하게 살폈다. 리브가가 정말 하나님이 허락하신 이삭의 짝이 맞는지 확인하기 위해서 엘리에셀이 선택한 방법은 리브가의 집안에 대해 알아보는 것이었다.

> 이르되 네가 누구의 딸이냐 청하건대 내게 말하라 네 아버지의
> 집에 우리가 유숙할 곳이 있느냐 창 24:23

리브가는 밀가가 나홀에게서 낳은 아들 브두엘의 딸이라고 자신을 소개한다. 이 말은 리브가가 아브라함과 같은 친족임을 의미한다. 이 말을 듣고 엘리에셀은 감탄하지 않을 수 없었다. 엘리에셀은 하나님의 놀라운 계획과 인도하심을 체험하자 하나님을 찬양했다.

> 이에 그 사람이 머리를 숙여 여호와께 경배하고 이르되 나의
> 주인 아브라함의 하나님 여호와를 찬송하나이다 나의 주인에
> 게 주의 사랑과 성실을 그치지 아니하셨사오며 여호와께서 길
> 에서 나를 인도하사 내 주인의 동생 집에 이르게 하셨나이다
> 하니라 창 24:26-27

우리가 믿는 하나님은 하늘의 하나님이실 뿐만 아니라 이 땅의 하나님이셔서 모든 계획을 이루시고 인도하신다. 27절의 '인도한

다'는 히브리어로 '나하'(נָחָה)인데 '이끌다', '안내하다'라는 뜻이다. 특별히 '이끌다'는 짐승을 끌듯이 하는 것이 아니라 앞장서서 다정다감하게 안내한다는 뜻이다. 출애굽기에 보면 하나님이 이스라엘 백성을 구름기둥과 불기둥으로 앞서서 '인도하셨다'는 표현이 나오는데, 이때 '나하'가 사용되었다. 하나님은 우리보다 앞서서 일하시며 우리를 친절하게 인도해 주시는 분이다. 엘리에셀은 이제야 아브라함의 하나님을 자신의 하나님으로 체험하게 된 것이다. 그는 이렇게 고백했다.

> 내 주인 아브라함의 하나님 여호와께서 나를 바른 길로 인도하사 나의 주인의 동생의 딸을 그의 아들을 위하여 택하게 하셨으므로 내가 머리를 숙여 그에게 경배하고 찬송하였나이다 창 24:48

여기서 '바른'은 히브리어로 '에메트'(אֱמֶת)인데, '확실함', '진리'라는 의미다. 하나님은 애매모호한 길이 아니라 '확실한' 길로 인도하신다는 뜻이다. 엘리에셀은 또 이렇게 고백한다.

> 그 사람이 그들에게 이르되 나를 만류하지 마소서 여호와께서 내게 형통한 길을 주셨으니 나를 보내어 내 주인에게로 돌아가게 하소서 창 24:56

하나님은 나를 '확실한 길', '바른 길'로 인도하실 뿐만 아니라 형통한 길로 인도하신다고 엘리에셀은 고백하고 있다. '형통하다'는 히브리어로 '찰라흐'(צלח)인데, 성공적인 결과를 뜻하는 '번영하다', '성공하다'라는 의미다. 하나님은 우리를 실패와 낙심의 자리로 데려가시는 분이 아니라, 성공의 자리, 은혜의 자리로 확실하게 인도하시는 분이다. 이처럼 하늘의 하나님은 계획하시는 하나님일 뿐만 아니라 이 땅의 삶의 현장에서 우리를 확실한 길, 형통한 길로 인도하신다.

세상을 살면서 힘들고 어려운 일을 당했을 때 하늘을 한번 쳐다보라. 사방이 막혀서 무섭고 막막할 때도 하늘을 쳐다보라. 거기에 나를 향한 위대한 계획을 가진 하나님이 계신다. 이것을 믿으면 비록 현실이 암담해도 나보다 앞서 가서 형통한 길로 인도하시는 하나님을 붙잡을 수 있다. 그 하나님이 행하시는 형통과 인도를 체험하게 될 것이다. 그러면 엘리에셀처럼 하나님을 찬양하며 경배드릴 수 있다.

깊은 한숨을 안도의 숨으로 바꾸신다

아브라함이 사랑하는 아내요, 이삭의 어머니인 사라가 죽자 아브라함의 가정에 큰 슬픔이 닥친다. 아브라함은 아내 사라의 죽음으로 인생의 허무함을 느끼는 동시에 혼자 남은 이삭을 생각하며 애달팠을 것이다. 한편, 이삭은 사랑하는 어머니를 떠나보내고 울적하고 슬픈 동시에 혼자 남아 노년을 보낼 아버지를 보며 안타까웠을 것이다. 하지만 이때에도 하나님은 리브가를 준비해 놓으시고 계획에 따라 인도하셔서 이삭에게 리브가를 아내로 주셨다.

> 이삭이 리브가를 인도하여 그의 어머니 사라의 장막으로 들이고 그를 맞이하여 아내로 삼고 사랑하였으니 이삭이 그의 어머니를 장례한 후에 위로를 얻었더라 창 24:67

이삭이 어머니의 죽음으로 슬픔이 컸지만, 리브가를 얻음으로 어머니의 장막에 들어갔다고 한다. 어머니의 장막은 어머니가 거처하던 텐트를 말한다. 사라는 죽었지만 이삭은 사라의 장막을 허물지 않고 그 장막을 통해 마음을 위로 받고 있는 것이다.

이처럼 땅의 하나님은 우리를 위로해 주시는 분이다. 창세기 24장은 사라의 죽음 후 아브라함이 이삭의 아내를 구하는 이야기로 시작되어 이삭이 리브가를 아내로 맞아들인 후 '위로를 얻었더라'는 말로 끝이 난다. 여기서 '위로'라는 말은 '깊은 숨'이다. 다른 말로 표현하면 '하나님이 이삭에게 깊은 숨을 쉬게 하셨다'는 것이다. 리브가를 통해 이제 '외로움도 슬픔도 두려움도 해결되었구나' 하는 안도의 숨을 쉬었다는 것이다.

앞에서 '나하'(נחה)는 '인도하신다'는 뜻이라고 했다. 그런데 '위로' 역시 히브리어로 '나함'(מִנָּחַ)이다. 땅의 하나님은 우리의 문제를 해결해 주시고 안도의 숨을 쉬게 하시는 분이다. 뿐만 아니라 우리를 만족의 자리에 이르도록 도우시는 위로의 하나님이다.

누구든지 인생의 깊은 한숨이 안도의 숨으로 바뀌길 원한다. 그같이 행사하실 분이 바로 우리가 믿는 하나님이다. 오랜 시간이 지나도 해결되지 않는 고통의 문제가 있는가? 그 문제를 해결하여 안도의 숨을 쉬게 하기 위해 앞서서 계획하고 인도하여 위로하시는 하나님을 바라보라. 그 하나님을 따라가면 놀라운 위로하심을 경험할 것이다.

계획하시는 하나님

오늘과 내일을 계획하신다

성경은 하나님이 나의 오늘과 내일을 철저히 계획하신다고 가르친다. 이 믿음이 있었기 때문에 아브라함은 믿음의 행진을 할 수 있었다. 우리는 엘리에셀처럼 의심과 갈등이 많다. 그러나 내 생각과 경험을 내려놓고 나를 향한 하나님의 계획하심을 믿을 때 세상을 이길 수 있다.

계획하신 대로 인도하신다

하나님은 우리보다 앞서서 일하시며 우리를 세밀하게 인도해 주시는 분이다. 하나님은 우리를 실패와 낙심의 자리로 데려가시는 분이 아니라, 성공의 자리, 은혜의 자리로 확실하게 인도하시는 분이다.

반드시 위로하신다

하나님은 우리를 위로해 주시는 분이다. 문제를 해결해 주시고 안도의 숨을 쉬게 하신다. 뿐만 아니라 우리를 만족의 자리에 이르도록 도우신다. 오랜 시간이 지나도 해결되지 않는 고통의 문제가 있다면 인생의 한숨을 안도의 숨으로 바꾸시는 하나님을 경험하라.

chapter 12

훈계하심

하나님은 자녀를
돌이키게 하신다

삶의 현장에는 우리를 두렵게 만드
는 것들이 참 많다. 예전에 듣지도 못했던 각종 전염병이 전 지구
적으로 창궐하여 많은 사람들을 죽음에 이르게 했고, 공기와 물의
오염, 지구온난화로 사람들은 많은 스트레스를 받고 있다. 이제는
스스로 조심하지 않으면 안 되는 세상이 되었다. 신명기 28장을 보
면 여호와를 경외하지 않은 자에게 내리는 질병과 재앙이 기록되
어 있는데, 이것들의 특징은 인간을 매우 두렵게 한다는 것이다.

그 여러 민족 중에서 네가 평안함을 얻지 못하며 네 발바닥이
쉴 곳도 얻지 못하고 여호와께서 거기에서 네 마음을 떨게 하

고 눈을 쇠하게 하고 정신을 산란하게 하시리니 네 생명이 위

험에 처하고 주야로 두려워하며 네 생명을 확신할 수 없을 것

이라 신 28:65-66

이처럼 질병과 재앙은 사람들에게서 마음의 평안을 빼앗고 생명
의 위협을 느끼게 만든다. 각종 전염병이 강타할 때마다 약국에는
마스크나 세정제 등이 모자라서 파동을 겪었고, 병원은 의심환자
들로 인산인해를 이루었다. 사람들의 공포가 얼마나 극심했는지를
알 수 있는 현상 중 하나다.

네 마음의 두려움과 눈이 보는 것으로 말미암아 아침에는 이르

기를 아하 저녁이 되었으면 좋겠다 할 것이요 저녁에는 이르기

를 아하 아침이 되었으면 좋겠다 하리라 신 28:67

어찌나 두렵고 무서운지 아침이면 하루가 무사히 지나기를 바라
는 마음에서 속히 저녁이 되었으면 좋겠다 하고, 저녁이면 밤사이
아무 일 없이 지나기를 바라는 마음에서 속히 아침이 되기를 바란
다는 것이다.

네가 많은 종자를 들에 뿌릴지라도 메뚜기가 먹으므로 거둘 것

이 적을 것이며 네가 포도원을 심고 가꿀지라도 벌레가 먹으므

로 포도를 따지 못하고 포도주를 마시지 못할 것이며 네 모든

경내에 감람나무가 있을지라도 그 열매가 떨어지므로 그 기름

을 네 몸에 바르지 못할 것이며 신 28:38-40

재앙이 임하게 되면 우리가 아무리 포도원을 심고 가꾸어도 그 열매를 먹지 못한다. 감람나무가 있을지라도 그 나무의 열매를 먹을 수 없다. 사람이 아무리 수고하고 애를 써도 재앙에서 벗어나기는 어렵다. 질병과 재앙은 상식 밖의 일이라 여하한 수고도 소용이 없다.

네 머리 위의 하늘은 놋이 되고 네 아래의 땅은 철이 될 것이며

여호와께서 비 대신에 티끌과 모래를 네 땅에 내리시리니 그것

들이 하늘에서 네 위에 내려 마침내 너를 멸하리라 신 28:23-24

재앙의 상황이 닥치면 우리가 이해할 수 없는 현상들이 펼쳐진다. 비가 내려야 할 하늘에서 먼지와 모래가 비처럼 쏟아지고 하늘이 놋이 되고 땅이 철이 된다. 이렇게 재앙과 질병이 난무하면 우리는 혼비백산할 수밖에 없다. 이성으로도 판단할 수 없고 경험으로도 이해할 수 없는 일들이 속출하기 때문이다.

질병과 재앙이 닥쳤을 때, 과연 우리는 어떤 관점으로 그것들을 바라보아야 할까? 그리고 그것을 대하는 우리의 자세와 태도는 어

떠해야 할까? 두렵고 무섭다고 해서 마냥 손 놓고 있을 수만은 없지 않은가?

> 이 모든 저주가 너와 네 자손에게 영원히 있어서 표징과 훈계
> 가 되리라 신 28:46

신명기 28장에 기록된 재앙과 질병은, 이미 닥친 상황이 아니라 앞으로 닥칠 상황을 예견하고 있다. 인류의 역사를 통해 볼 때, 과거에도 일어났으며 미래에도 얼마든지 일어날 수 있는 재앙이요 질병이다. 그렇다면 하나님은 왜 이런 재앙을 허락하시는가?

성경은 재앙과 질병을 통해 표징과 훈계로 삼고자 한다고 말한다. 여기서 '표징'이란 '사인'(sign), 즉 신호라는 뜻이다. 그리고 '훈계'는 '증거'라는 뜻이다. 이 말을 합치면 '무언가를 너희들에게 드러내 보인다'는 의미가 된다. 어느 시대에나 질병과 재앙은 있었다. 그런데 사람이 감당할 수 없는 질병과 재앙이 닥쳤다면, 그것은 '하나님의 표징'이요, '하나님의 경고'임을 알아야 한다.

신명기 28장은 하나님의 백성답지 못한 삶을 살게 될 때 이러한 일이 우리에게 표징과 훈계가 되어 나타나리라고 한다. 하나님께로 돌이키기 위해 이런 '표징'과 '훈계'가 나타난다는 것이다. 그렇다면 이 재앙과 질병은 회개하고 하나님께로 돌아오라는 경고로 이해할 수 있다.

과연 하나님의 백성답지 못한 삶이란 무엇인가?

> 네가 만일 이 책에 기록한 이 율법의 모든 말씀을 지켜 행하지
> 아니하고 네 하나님 여호와라 하는 영화롭고 두려운 이름을 경
> 외하지 아니하면 신 28:58

하나님의 백성답지 못한 삶이란, 하나님의 말씀을 버리고 지키지 않는 것이다. 여호와 하나님을 경외하지 않는 것도 하나님의 백성답지 못한 모습이다. 다시 말해 하나님은 하나님의 백성이 하나님을 상실하고 망각한 삶을 살 때 '표징'과 '훈계'로 다스리신다.

도무지 내 힘으로 풀기 힘든 재앙과 같은 문제가 있는가? 그렇다면 하나님의 경고의 소리를 들을 수 있어야 한다. 사람들은 감당하기 힘든 전염병이 돌아도 '독한 바이러스가 도는 모양이다'라고 안일하게 생각한다. 그것이 하나님이 주신 사인이며 경고라고 생각하지 않는다. 그러니 그 속에 담긴 메시지를 들으려고도 하지 않는다. 흔히 기도할 때 진동을 느끼거나 환상을 보거나 우레와 같은 신비한 현상을 통해 하나님이 말씀하신다고 생각하는데, 그렇지만은 않다.

시편 기자는 73편에서 악인이 잘되는 것이 이해되지 않아 과연 하나님이 존재하시는지 회의할 만큼 신앙의 갈등을 겪었다. 하지만 생각하고 또 생각해도 마음의 고통만 심해질 뿐 아무런 답도 얻

지 못했다. 그러다 시편 기자는 어느 한순간 전광석화와 같이 머리를 치는 깨달음을 얻게 되었다.

> 하나님의 성소에 들어갈 때에야 그들의 종말을 내가 깨달았나
> 이다 시 73:17

영적인 눈으로 바라보게 되었을 때에야 비로소 답을 찾게 된 것이다. 재앙과 질병이 왔을 때 그것이 경고하는 메시지를 알려면 먼저 영적인 눈이 있어야 한다. 이 사건을 통해 나와 우리를 돌이키시는 하나님의 일하심을 볼 수 있어야 한다.

내 힘으로는 도무지 해결할 수 없는 재앙과 질병을 만났을 때 과연 우리는 무엇을 돌이켜야 할까?

하나님께로 돌아서라

> 여호와께서 네 재앙과 네 자손의 재앙을 극렬하게 하시리니 그
> 재앙이 크고 오래고 그 질병이 중하고 오랠 것이라 여호와께서
> 네가 두려워하던 애굽의 모든 질병을 네게로 가져다가 네 몸에
> 들어붙게 하실 것이며 신 28:59-60

질병과 재앙의 주관자는 하나님이다. 신명기 28장에서 반복되는 표현이 있다. 바로 '여호와께서'다. 하나님은 '재앙'과 '질병'을 통해 하나님께로 '돌아서라'고 우리에게 '사인'을 보내신다. 문제를 만났다면 하나님께로 돌아서야 한다.

재앙이 임했을 때 사람이 할 수 있는 일은 아무것도 없다. 그저 하나님께로 돌아서면 된다. 그때 하나님이 회복의 능력을 베풀어 주신다.

> 오라 우리가 여호와께로 돌아가자 여호와께서 우리를 찢으셨
> 으나 도로 낫게 하실 것이요 우리를 치셨으나 싸매어 주실 것
> 임이라 호 6:1

우리가 하나님께 돌이킬 때 하나님께서 상처를 싸매시며 치료해 주신다. 극심한 질병과 재앙만이 아니라 삶의 터전이 위협 받고 두려움에 휩싸이는 사건을 만났을 때도 가장 먼저 하나님께로 돌이켜야 한다. '살다 보면 이런 일도 있지' 하고 안일하게 생각하지 말고 즉시 하나님의 경고로 듣고 돌이켜야 한다.

하나님께로 돌이킨다는 것이 과연 무엇일까? 내 삶의 중심에 하나님을 세우는 것이다. 하나님을 내 인생의 주인으로 모시는 것이다. 그러면 무너진 삶이 회복되고 병든 삶이 치유된다.

말씀을 인생의 중심에 두라

신명기 28장은 축복과 저주에 관한 말씀이다. 1-14절까지는 축복에 관한 말씀이고, 15-68절까지는 저주에 관한 말씀이다. 축복의 삶과 저주의 삶으로 나뉘는 기준은 하나님의 말씀에 순종하는가, 불순종하는가이다.

> 네가 네 하나님 여호와의 말씀을 삼가 듣고 내가 오늘 네게 명령하는 그의 모든 명령을 지켜 행하면 네 하나님 여호와께서 너를 세계 모든 민족 위에 뛰어나게 하실 것이라 신 28:1

하나님의 말씀을 지켜 순종하면 하나님의 복을 주겠다고 약속하신다. 그리고 그 복은 다음과 같다.

> 네가 네 하나님 여호와의 말씀을 청종하면 이 모든 복이 네게 임하며 네게 이르리니 성읍에서도 복을 받고 들에서도 복을 받을 것이며 네 몸의 자녀와 네 토지의 소산과 네 짐승의 새끼와 소와 양의 새끼가 복을 받을 것이며 네 광주리와 떡 반죽 그릇이 복을 받을 것이며 네가 들어와도 복을 받고 나가도 복을 받을 것이니라 신 28:2-6

어렸을 때 나는 이 말씀을 할머니와 아버지, 어머니의 기도를 통해 많이 들었다. 하지만 어린 나이에도 이 말씀을 들으면 '너무 현실성이 없다'고 생각했다. 들어가도, 나가도, 성읍에서도, 들에서도 복을 주신다고 하니 너무 과장된 것 아니냐고 생각했다. 하지만 하나님은 말씀을 듣고 순종하는 자들에게는 반드시 이 복을 주겠다고 약속하셨다. 그러므로 말씀을 따라 순종하는 사람은 혹시 어려움이 온다 해도 하나님이 도와주시니 염려할 것도, 거칠 것도 없다. 하지만 말씀에 순종하지 못하면 복과 상관없는 삶이 되어 큰 어려움을 당할 수 있다. 이 사실을 명심해야 한다.

> 네가 만일 네 하나님 여호와의 말씀을 순종하지 아니하여 내가 오늘 네게 명령하는 그의 모든 명령과 규례를 지켜 행하지 아니하면 이 모든 저주가 네게 임하며 네게 이를 것이니 네가 성읍에서도 저주를 받으며 들에서도 저주를 받을 것이요 또 네 광주리와 떡 반죽 그릇이 저주를 받을 것이요 네 몸의 소생과 네 토지의 소산과 네 소와 양의 새끼가 저주를 받을 것이며 네가 들어와도 저주를 받고 나가도 저주를 받으리라 신 28:15-19

하나님의 말씀을 따라 살지 않으면, 큰 고난과 시련이 닥칠 뿐 아니라 저주가 그 인생을 따라다닐 것이다. 그러므로 인생의 성공과 실패는 우리의 열심과 재능에 달려 있지 않다. 말씀을 내 인생의 중심에 두고 말씀을 따라 사는가에 달려 있다.

'순종'은 '샤마'(שָׁמַע)로 '듣다'라는 뜻이다. 1절의 여호와의 말씀을 삼가 '듣고'에서 '듣고'도 '샤마'를 사용했다. 즉 하나님의 말씀을 '듣고' 순종하면 인생은 하나님의 은혜로 윤택해지고, 하나님의 말씀을 '듣고' 순종하지 않으면 하나님의 저주가 임해 삶이 무너져 버린다.

우리가 살고 있는 이 시대를 가만히 보자. 교회와 성도들도 살펴보자. 말씀을 듣고 순종함으로 인생과 사회가 윤택해졌는가, 아니면 말씀을 듣고 순종하지 않음으로 하나님의 저주가 임해 삶이 무너져 버렸는가? 인터넷과 TV를 통해 설교가 쏟아져 나오지만 정작 우리는 말씀이 지겹다. 성경 말씀을 들으려면 집중력이 흩어져 버린다. 늘 듣던 소리라며 귀를 닫아 버린다. 그렇다 보니 설교자도 성경 속의 말씀이 아닌 성경 밖의 이야기들을 전하고 싶은 유혹에 빠진다.

교회에서 기독교 상담학이나, 내적 치유나, 은사운동 같은 것을 하면 열광하는 사람들이 있다. 오늘날 교회가 말씀 중심이 아닌 프로그램 중심인 곳으로 전락하지 않았나 걱정스럽다. 물론 상담도, 치유도, 은사도 필요하다. 하지만 먼저 말씀이 중심에 서 있어야 그 밖의 것들이 의미가 있다. 말씀은 밥과 같다. 매일 먹어도 질리지 않는, 그리고 반드시 먹어야 하는 밥과 같다. 말씀의 능력을 믿고 한결같은 순종으로 따르면 하나님의 풍성한 복을 누릴 수밖에 없다.

이 시대의 혼탁함을 말할 때 동성애를 빼놓을 수 없다. 동성애는 하나님의 말씀이 무너지고 있다는 시대적 증거다. 지난해 동성애의 대표적인 축제인 퀴어축제 때문에 교회가 한바탕 소동을 했다. 레위기는 동성애가 죄라고 분명히 말하고 있다.

> 너는 여자와 동침함같이 남자와 동침하지 말라 이는 가증한 일이니라 너는 짐승과 교합하여 자기를 더럽히지 말며 여자는 짐승 앞에 서서 그것과 교접하지 말라 이는 문란한 일이니라
>
> 레 18:22-23

하나님은 한 남자와 한 여자가 만나 가정을 이루도록 하셨다. 하나님은 사람을 지으실 때 동성 간의 사랑을 허용하지 않으셨다. 그리고 그렇게 사람을 만들지도 않으셨다. 그런데 오늘날의 문화는 이것이 부끄러운 줄도 모르고 오히려 합법화하여 드러내려 한다. 생각해 보라. 나의 사랑하는 자녀가 동성을 데려와서 결혼하겠다고 하면 어쩌겠는가?

학교에서는 왕따 문제가 심각하고, TV에서는 불륜을 아름다운 사랑으로 포장해서 시청자들을 미혹하고, 거리에서는 청춘 남녀가 '타로'점을 치며 자신의 미래와 사랑을 점쳐 본다. 모두 말씀이 무너진 시대상을 나타낸다.

미국 코넬 대학의 앨런 블룸(A. Bloom) 교수가 그의 책《미국 정신의 종말》에서 세계 제일의 강대국이며 하나님의 복을 어느 민족보

다 많이 받은 미국이 현재 타락의 온상지가 된 이유는 기독교적 삶의 가치를 포기했기 때문이라고 지적했다. 기독교적 삶의 가치, 즉 하나님의 말씀을 포기했다는 뜻이다. 프랑스의 언론인 에릭 제무르(Eric Zemmour)도 《프랑스의 자살》이라는 책에서 "지금 프랑스가 자살의 길을 걷고 있는 가장 대표적인 이유가 이슬람을 허용하고, 동성애를 용납한 것 때문이다"고 말했다.

영국 기독교 법률센터 대표인 안드레아 윌리암스(Andrea Williams) 변호사가 한국을 방문해서 "5년 내에 한국의 기독교가 문을 닫기 시작할 것이다"라는 매우 충격적인 말을 하고 갔다. 그는 그 이유를 하나님의 말씀이 무너지는 데서 찾았다. 영국 교회가 낙태법 폐지와 동성애에 대해 침묵함으로써 교회가 무너졌다면서, 한국도 예외가 아니라고 지적한 것이다.

이렇듯 우리는 말씀이 무너지는 무서운 시대에 살고 있다. 이제 우리가 살 길은 말씀으로 돌아가는 것 뿐이다. 시대의 현상들을 보면서 말씀만이 답임을 깨달아야 한다. 자녀들에게도 공부만 하라고 닦달하는 것이 아니라 말씀으로 가르칠 때 하나님이 책임져 주신다.

예배자로 돌아서라

> 네가 만일 이 책에 기록한 이 율법의 모든 말씀을 지켜 행하지
> 아니하고 네 하나님 여호와라 하는 영화롭고 두려운 이름을 경
> 외하지 아니하면 신 28:58

'경외하다'는 히브리어로 '야레'(ירא)인데 '두려워하다', '예배하
다', '경배하다'라는 뜻이다. 따라서 '하나님을 경외하지 아니하면',
'하나님을 예배하는 예배자로 살지 아니하면'이라는 뜻이다. 우리
가 예배자로 살지 않으면 우상숭배자로 사는 것과 같다. 신앙의 중
간지대란 없기 때문이다.

> 여호와께서 너를 땅 이 끝에서 저 끝까지 만민 중에 흩으시리
> 니 네가 그곳에서 너와 네 조상들이 알지 못하던 목석 우상을
> 섬길 것이라 신 28:64

우상이란 모양과 형상을 가진 것만을 말하지 않는다. 절에 가서
부처상 앞에 절하는 것만 우상숭배가 아니라 하나님보다 더 사랑하
고 중독되어 있는 모든 것이 우상이다. 그래서 어떤 이에게는 골프
나 볼링 같은 취미가 우상이 될 수 있고, 어떤 이에게는 자녀가 우
상일 수 있다. 요즘 청소년들에게 우상은 스마트폰이 아닐까 한다.

한시도 스마트폰을 놓지 못하고, 잠시라도 스마트폰이 없으면 불안해하는 모습을 보면 심히 걱정스럽다. 취미든 친교든 매체든 지나치게 집착해서 예배까지 소홀히 하게 한다면 그것은 우상이다.

> 이 백성은 내가 나를 위하여 지었나니 나를 찬송하게 하려 함
> 이니라 사 43:21

하나님은 찬송 받기 위해 우리를 지으셨다. '찬송'은 히브리어로 '테힐라'(תְּהִלָּה)인데 '영광', '칭찬', '찬양'이라는 뜻이다. 하나님은 영광과 칭찬을 받기 위해 우리를 지으셨다. 그런데 우리가 집착하는 우상은 예배를 예배답지 못하게 만들며 하나님의 영광을 찬양하지 못하게 한다. 하나님의 창조 목적에 어긋난 삶을 살게 하는 것이다. 우리는 무엇보다 날마다 하나님을 온전하게 예배하는 예배자로 서야 한다. 에베소서는 이 사실을 다시 한 번 강조한다.

> 이는 그가 사랑하시는 자 안에서 우리에게 거저 주시는 바 그
> 의 은혜의 영광을 찬송하게 하려는 것이라 엡 1:6

우리는 가난하고 궁핍하고 외롭고 소외되었다고 생각할 때 하나님만 바라본다. 하나님의 은혜와 위로를 구하며 하나님을 열심히 예배한다. 하나님은 그런 우리를 부요케 하시며 여러 가지 복을 주

신다.

그런데 인간은 간사하게도 힘들고 어려울 때는 하나님을 바라보다가도 마음이 부유해지면 하나님을 잊어버린다. 하나님의 은혜로 현재의 자리까지 왔다면, 하나님을 더 영화롭게 하고 더 기쁘시게 하는 삶을 살아야 하는데, 오히려 자신을 영화롭게 하는 삶을 선택한다. 그래서 성도에게 예배는 너무나 중요하다.

이 세상 그 어떤 것도 하나님을 예배하는 것보다 중요하지 않다. 그래서 주일성수는 너무나 중요하다. 일주일 동안 세상에서 정신 없이 허덕이며 사는데 예배마저 무너지면 성도는 영적으로 무너질 수밖에 없다. 어떤 좋은 것이 있어도, 어떤 힘든 일이 있어도 하나님을 예배하는 일만큼은 결코 양보해선 안 된다. 그래야 하나님이 기뻐하시고, 하늘의 신령한 복을 넘치도록 부어 주신다.

돌이키게 하시는 하나님

하나님께로 돌아서라

질병과 재앙의 주관자는 하나님이다. 재앙이 임했을 때 사람이 할 수 있는 것은 아무것도 없다. 다만 하나님께로 돌이키면 된다. 하나님께로 돌이킨다는 것은, 내 삶의 중심에 하나님을 세우는 것이다. 하나님을 내 인생의 주인으로 모시는 것이다. 그러면 무너진 삶이 회복되고 병든 삶이 치유된다.

말씀으로 돌아서라

하나님의 말씀에 순종하는 사람은 어려움이 닥쳐도 하나님이 도와주시니 염려할 게 없다. 그러나 하나님의 말씀에 순종하지 않으면 복과 상관없는 삶이 되어 어려움을 당할 수 있다. 그러므로 우리 인생의 성공과 실패는 내 인생의 중심에 말씀을 두고 사는가에 달려 있다.

예배자로 돌아서라

인간은 힘들고 어려울 때는 하나님을 바라보다가도 마음이 부유해지면 하나님을 잊어버린다. 하나님을 영화롭게 하고 기쁘게 하는 삶을 사는 대신 자신을 영화롭게 하는 삶을 살게 된다. 그러나 이 세상 그 어떤 것도 하나님을 예배하는 것만큼 중요하지 않다. 예배만큼은 결코 양보해선 안 된다.

chapter 13

심판하심

하나님은 징계 중에도
은혜를 베푸신다

〈런던타임스〉의 편집장이 몇몇 집
필가들에게 '이 세상에 무엇이 문제인가?'란 주제의 글을 부탁했
다. 과연 우리가 살고 있는 이 세상은 '무엇이 잘못되었는가'를 알
리고 그것을 고쳐 보자는 게 기획 의도였다. 그런데 G. K. 체스터턴
(Chesterton)이라는 집필가가 "내가 잘못되었다"라는 아주 명쾌하고
짧은 한 줄의 문장을 보내 왔다. 신문에 지면을 할애해 한 편의 멋
진 글을 연재할 계획이었던 편집장은 당황스러워서 그에게 전화를
걸었다. 체스터턴은 편집장에게 다음과 같이 말했다.

"그 취지와 의도는 충분히 이해합니다. 하지만 이 세상에 무엇이
문제인가에 대한 가장 정확한 대답은 내가 잘못되었기 때문에 세

상이 잘못되었다는 것입니다. 나는 그것밖에 할 말이 없습니다."

체스터턴의 이 답변은 비록 짧은 한 문장에 불과하지만 대단히 성경적이라고 생각한다. 사실 세상의 잘못된 점을 나열하라면 밤을 새워도 다 말하지 못할 것이다. 어떤 사람은 세상의 문화와 정치가 타락했다고 말하고, 어떤 이들은 사회 제도와 교육을 뜯어고쳐야 한다고 지적한다. 또 어떤 사람은 과학의 발달이 세상을 재앙으로 몰아간다고 말한다. 그러나 성경은 세상의 문화와 제도, 정치와 과학, 교육이 잘못되었다고 말하기 전에 사람이 잘못되어서 그렇게 되었다고 가르친다.

창세기 3장에는 인간의 죄 때문에 심판하시는 하나님이 나온다. 아담과 하와가 하나님이 금지하신 선악과를 따 먹는 불순종의 죄를 지은 것이다. 여기서 우리는 '죄란 무엇인가'를 생각해 보아야 한다.

우리는 흔히 죄라고 하면 사람과 사람 사이에서 일어나는 수평적인 문제로 이해하려고 한다. '상대방이 이런 잘못을 저질렀기 때문에 내가 이런 반응을 보일 수밖에 없었다'는 관계성으로서 죄를 이해하는 것이다. 하지만 성경은 죄를 수평적 관계가 아니라 수직적 관계로 이해한다. 사람과 사람 간의 관계에서 오는 것이 아니라 하나님과 인간의 관계에서 오는 것으로 이해한다. 그래서 성경은 하나님께 '불순종하는 것'을 죄라고 가르친다. 그리고 이 수직적 관계에서 온 죄는 수평적 관계에도 영향을 끼친다고 성경은 가르친다.

예를 들어 하나님은 우주 만물을 만드셨다. 그리고 이 모든 만물을 인간에게 주셨다. 하나님은 인간이 모든 만물을 마음껏 누리고, 즐기며, 행복하기를 바라셨다. 그러나 한 가지 약속을 지킬 것을 요구하셨다. 동산 중앙에 있는 선과 악을 알게 하는 나무(선악과)의 열매는 먹어서는 안 된다는 것이었다. 먹으면 죽을 것이라고 경고하시면서 그 나머지는 마음껏 누리라고 하셨다. 이것은 하나님과 인간 사이의 질서를 위해 세우신 약속이었다.

> 여호와 하나님이 그 사람에게 명하여 이르시되 동산 각종 나무
> 의 열매는 네가 임의로 먹되 선악을 알게 하는 나무의 열매는 먹
> 지 말라 네가 먹는 날에는 반드시 죽으리라 하시니라 창 2:16-17

하지만 3장에서 아담은 이 명령을 어기고 만다.

> 여자가 그 나무를 본즉 먹음직도 하고 보암직도 하고 지혜롭게
> 할 만큼 탐스럽기도 한 나무인지라 여자가 그 열매를 따먹고
> 자기와 함께 있는 남편에게도 주매 그도 먹은지라 창 3:6

아담과 하와가 하나님이 먹지 말라고 명령한 열매를 따 먹음으로써 불순종의 죄를 저지르고 말았다. 하나님은 범죄한 인간을 약속대로 심판하실 수밖에 없으셨다. 인간을 향한 하나님의 저주가

우리에게 부어지게 된 것이다.

'저주'는 히브리어로 '아라르'(ארר)인데 '제지하다', '묶다', '금지하다'란 의미다. 하나님의 심판은 저주를 통해 나타났고, 저주란 하나님이 묶어 버렸다는 의미다. 범죄하기 전 하나님은 인간에게 선악과의 열매만 먹지 못하도록 묶어 놓으셨다. 하지만 범죄 후 하나님은 에덴동산에서 마음껏 먹고 누리도록 한 모든 것을 묶어 버리셨다. 이제는 더 이상 임의대로 할 수 없게 하신 것이다. 이것이 바로 죄가 가져온 저주의 의미다. 이것을 등식으로 표현하면 이렇다.

죄 → 하나님의 심판(저주) → 인간이 누리도록 주신 복들이 묶임

인간의 불순종으로 세상에 죄가 들어오게 되었고, 죄는 하나님의 심판, 즉 저주를 불러왔다. 저주는 하나님이 인간에게 주신 모든 복을 더 이상 누리지 못하도록 묶어 버린다. 복이 묶여 버린 인생은 불행할 수밖에 없다.

그러므로 우리는 하나님을 똑바로 알아야 한다. 창조의 하나님, 선하신 하나님, 좋으신 하나님, 우리가 잘되기를 바라시는 하나님도 알아야 하지만, 죄를 심판하시고 저주하시는 하나님도 알아야 한다. 죄를 심판하시는 하나님을 알 때 인생의 묶임에서 벗어날 수 있고 더 이상 저주의 사슬에 묶이지 않을 수 있다. 행복한 삶을 원하는가? 그렇다면 행복을 선망할 것이 아니라 무엇보다 하나님을

아는 것이 중요하다. 사람의 경험은 환경과 시간과 때와 장소에 따라 달라질 수 있지만, 성경은 어떤 환경에도 구애 받지 않고 언제나 동일한 진리를 말하기 때문이다. 그렇다면 하나님의 심판으로 묶여 버린 복은 무엇인가?

말씀이 들리지 않는 것이 심판이다

범죄한 인간은 영적인 복을 잃어버렸다. 이것은 에덴동산에서 누리던 하나님과의 관계가 단절되었음을 의미한다. 하나님의 저주에는 자연적인 저주와 직접적인 저주가 있다. 영적인 복의 상실은 범죄한 순간에 자연적으로 오게 된 저주다. 이 영적인 복을 잃어버림으로써 인간은 에덴동산에서 누리던 하나님과의 친밀했던 관계를 잃어버렸다.

> 여호와 하나님이 동방의 에덴에 동산을 창설하시고 그 지으신
> 사람을 거기 두시니라 창 2:8

하나님이 천지만물을 만드신 후 사람을 지으시고 인간을 에덴동산에 두셨다. 그 에덴동산에 대해서 성경은 이렇게 말한다.

> 그들이 그날 바람이 불 때 동산에 거니시는 여호와 하나님의

소리를 듣고 아담과 그의 아내가 여호와 하나님의 낯을 피하여

동산 나무 사이에 숨은지라 창 3:8

에덴동산은 여호와 하나님의 소리를 직접 들을 수 있었던 지상의 낙원이었고, 하나님이 거니시던 동산이었다. 다시 말해 에덴동산은 하나님과 인간이 함께 거닐며 사귀고 함께 머물던 곳이었다. 하지만 이들은 범죄한 후 비참한 상태에 이르게 된다.

여호와 하나님이 아담을 부르시며 그에게 이르시되 네가 어디

있느냐 이르되 내가 동산에서 하나님의 소리를 듣고 내가 벗었

으므로 두려워하여 숨었나이다 창 3:9-10

앞서 8절에서도 하나님이 동산을 거니시다가 "아담아! 네가 어디 있느냐!" 하고 찾으셨을 때, 아담은 하나님을 두려워해서 숨었다고 했다. 범죄한 인간은 이렇듯 하나님을 두려워하고 수치스러움을 느낀다. 하나님과 함께 동산을 거닐며 아름다운 대화를 주고받던 인간의 모습은 더 이상 찾아볼 수 없게 된 것이다. 인간이 잃어버린 에덴동산의 모습을 우리가 자주 부르는 찬송가 〈저 장미꽃 위에 이슬〉에서 찾아볼 수 있다.

"밤 깊도록 동산 안에 주와 함께 있으려 하나."

온 종일 주님과 함께 있어도 너무 좋고 밤이 깊어도 주님과 함께

지내고 싶은 곳이 에덴동산이었다.

"주님 나와 동행을 하면서 나를 친구 삼으셨네."

주님이 동행하시고 주님이 친구 삼아 주셔서 우리의 필요를 물으시고 우리를 도와주신 아름다운 교제의 장소가 에덴동산이었다.

이처럼 사람이 이 땅에서 누릴 수 있는 최고의 복은 창조주 하나님과 함께하는 것이다. 하나님이 우리를 하나님의 형상, 즉 하나님을 닮은 존재로 지으신 이유는 하나님과 사귐이 있도록 하기 위해서였다. 그런데 하나님의 심판으로 그 관계가 깨어진 것이다.

17세기의 위대한 사상가 파스칼(Blaise Pascal)은 "인간은 창조주 하나님 안에 있을 때만 인간다울 수 있다"고 말했다. 인간은 창조주 하나님을 떠나면 시궁창같이 더럽고 만물의 찌꺼기같이 쓸모없는 존재가 되고 만다.

하나님과의 관계가 깨어졌다는 것은 영적인 복을 상실했다는 말이다. 이 말을 우리가 지금 쓰는 언어로 바꾸면 하나님을 섬기고 하나님과 사귀는 우리의 신앙이 실종됐다는 의미다. 교회에서 이런저런 직분을 가지고 활동하지만 하나님과의 사귐이 차단되어 신앙이 실종되었다면, 그것은 에덴동산의 비극과 같다. 하나님의 말씀을 듣는 성도의 태도도 똑같다. 설교란 목회자를 통해 하나님의 말씀이 가장 이해하기 쉽도록 전달되는 것이다. 그래서 설교를 다른 말로 '하나님이 말씀으로 우리를 찾아오신 것'이라고 표현한다. '예배의 자리에 나가지만 하나님의 말씀이 내 심령 속에 잘 전달되고 있는가?', '들리는 말씀으로 하나님과 내가 영적인 교통이 이루어지며, 그 말씀을 중심으로 하나님과 사귐이 일어나고 있는가?' 이것을 점검해야 한다. 만일 이 질문에 그렇지 않다는 대답을 하게 된다면 비극이다.

우리는 저주라고 하면 하늘에서 불이나 낙뢰 같은 것이 떨어져 누군가가 현장에서 꼬꾸라지는 것을 상상한다. 하지만 내 심령이 하나님을 향한 신앙을 잃어버리고 말씀을 그냥 지나쳐 간다면, 그것이 바로 저주다. 성경은 하나님의 심판이 어떤 결과를 가져오는지 우리에게 보여 주고 있다. 그래서 우리는 죄를 멀리해야 한다.

성경은 순종이 제사보다 낫다고 말한다(삼상 15:22). 신앙은 교회 생활이 아니다. 주일이면 예배드리고 봉사하고 다른 이를 섬기는 교회 생활을 신앙이라고 착각하면 안 된다. 하나님의 말씀을 향한 순종, 즉 강단을 통해 주신 말씀 앞에 내가 순종하며 살아가고 있는지 늘 점검하고 살필 때 성도는 영적인 복을 넘치도록 경험할 수 있다.

수고와 고통에 묶인 것이 심판이다

죄 때문에 하나님과 친밀했던 관계를 잃어버린 인간은 또 하나의 복을 상실하게 된다. 그것은 육체적인 복의 상실이다. 육체적인 복의 상실을 한마디로 표현한다면 에덴의 상실이라고 말할 수 있다. 에덴은 '기쁨', '즐거움', '희락'이라는 뜻이다. 우리는 일생을 통해 소원하는 것이 있다. 바로 에덴을 소유하고 에덴을 경험하는 것이다.

하지만 에덴, 기쁨의 동산은 하나님의 심판과 저주 때문에 실낙원이 되어 버렸다. 인간이 완전한 행복을 누릴 수 있었던 낙원을 죄로 인해 잃어버린 것이다. 에덴은 어떤 곳인가? 에덴은 축복의 장소였다.

> 여호와 하나님이 그 땅에서 보기에 아름답고 먹기에 좋은 나무
> 가 나게 하시니 동산 가운데에는 생명나무와 선악을 알게 하는
> 나무도 있더라 강이 에덴에서 흘러 나와 동산을 적시고 거기서
> 부터 갈라져 네 근원이 되었으니 창 2:9-10

에덴동산은 보기에 아름다운 열매들로 넘쳐 났고, 먹기에 좋은 과실들로 풍성했다. 그곳은 풍요로웠으며 인생의 고통이나 슬픔은 전혀 찾아볼 수 없는 완전한 곳이었다. 또 그곳은 강이 발원해서 흘러 나가기도 했다. 그 강의 물은 동산을 적시고 네 근원이 되어 세상으로 흘러 나갔다. 이것은 에덴동산이 너무나도 풍요로워 하나님의 복이 흘러넘쳤음을 의미한다.

> 아담과 그의 아내 두 사람이 벌거벗었으나 부끄러워하지 아니

하니라 창 2:25

이처럼 에덴동산은 하나님과 더불어 사귀고 교제하는 곳이었다. 뿐만 아니라 부끄러움과 수치도 존재하지 않던 완전한 지상 낙원이었다. 그러나 인간의 범죄로 하나님의 심판이 에덴동산에 임했을 때, 하나님은 에덴의 동쪽에 그룹들과 두루 도는 불 칼을 두어 인간이 더 이상 접근하지 못하도록 에덴을 닫아 버리셨다.

이같이 하나님이 그 사람을 쫓아내시고 에덴동산 동쪽에 그룹들과 두루 도는 불 칼을 두어 생명나무의 길을 지키게 하시니라 창 3:24

이로써 인간은 하나님이 주신 풍요로움과 즐거움과 자유를 더 이상 누리지 못하는 비참한 지경에 이르게 되었다. 성경은 인간이 처한 비참이 무엇인지를 말하고 있다.

또 여자에게 이르시되 내가 네게 임신하는 고통을 크게 더하리니 네가 수고하고 자식을 낳을 것이며 너는 남편을 원하고 남편은 너를 다스릴 것이니라 하시고 아담에게 이르시되 네가 네 아내의 말을 듣고 내가 네게 먹지 말라 한 나무의 열매를 먹었은즉 땅은 너로 말미암아 저주를 받고 너는 네 평생에 수고하여야 그 소산을 먹으리라 땅이 네게 가시덤불과 엉경퀴를 낼 것이라 네가 먹을 것은 밭의 채소인즉 네가 흙으로 돌아갈 때까지 얼굴에 땀을 흘려야 먹을 것을 먹으리니 네가 그것에서 취함을 입었음이라 너는 흙이니 흙으로 돌아갈 것이니라 하시니라 창 3:16-19

여기서 반복적으로 언급되고 있는 표현이 '수고'다. "수고하고 자식을 낳을 것이며", "수고하여야 그 소산을 먹으리라", "땀을 흘려야 먹을 것을 먹으리니"가 그것이다. 우리 육체의 생명이 다할 때까지 땀을 흘리는 수고와 고통을 겪어야 한다는 말이다. 이것을 오늘날 우리가 흔히 쓰는 말로 고치면 '힘들어 죽겠다'가 될 것이다.

'수고'와 '고통'은 히브리어로 '아차부'(עצב)로서 어근이 같다. '정신적인 고통'과 '육체적인 고통'을 다 포함하는 의미다. 우리가 '힘들어 죽겠다'고 말할 때 몸뿐만 아니라 마음까지 힘든 것을 의미하는데 '아차부'가 이와 같다.

그러면 사람에게 제일 두려운 것이 무엇인가? 아마도 죽음일 것이다. 저주 받은 인생에게 닥친 인생의 문제 중에서 '땅은 가시덤불을 내고 엉경퀴를 낼 것이다'라는 하나님의 말씀은 사람이 '고생'과 '수고'의 삶을 살아가다 결국 육체의 죽음까지 맞이하게 될 것을 의미한다.

교인 중에 화가 나면 '죽는 것이 겁나지 않는다'는 말을 자주 입에 올리던 분이 있었다. 우연찮게 그분과 대화를 나누다가 '죽는 것이 겁나지 않는다'는 말이 입버릇에 불과하다는 것을 알게 되었다. 건강에 대한 이야기가 나오자 좋은 공기를 마셔서 폐를 청소해야 한다, 채식을 하되 농약을 치지 않은 음식을 먹어야 한다, 조미료 음식을 먹으면 몸이 망가진다 등 건강하게 장수하기 위해 온갖 비법을 지키고 있었던 것이다. 아무리 대범하려 해도 사람은 누구나 죽음이 두렵다. 주님이 우리에게 부활을 약속하신 것은 죽음을 두려워하는 인간의 약함을 아셨기 때문이다. 이처럼 육체의 복을 상실한 인간은 죽음을 두려워하는 존재가 되어 버렸다.

그런데 육체적 복의 상실은 인간관계의 파괴를 불러온다. 하나님이 아담의 갈비뼈를 취해 하와를 아내로 만들어 주셨을 때 아담은 최고의 찬사를 보냈다.

> 이는 내 뼈 중의 뼈요 살 중의 살이라 창 2:23

이 말을 쉽게 고치면 "하와는 나에게 기가 막힌 존재다", "나에게 딱이다", "어떻게 이렇게 내 맘에 쏙 들지?"가 된다. 하지만 이런 행복도 잠시, 하나님께 범죄한 아담의 모습은 실망스럽기 그지없다. 하나님께서 아담에게 왜 선악과를 따 먹었느냐고 물으셨을 때 아담은 실망스럽게도 "하나님이 주셔서 나와 함께 있게 하신 여자 그가 그 나무 열매를 내게 주므로 내가 먹었나이다"(창 3:12)라고 모든 책임을 하와에게 돌려 버렸다. 이처럼 죄는 하나님의 심판과 저주를 가져올 뿐 아니라 가정과 인간관계마저 왜곡시켜 버린다. 부부는 서로 돕는 관계에서 아내는 남편의 사랑을 갈망하는 관계로, 남편은 아내를 다스리고 이끌어 주며 보살펴 주어야 하는 관계로 바뀌게 되었다.

타락한 이후 세상에서 이런 비극적인 모습을 보이는 가정들을 심심찮게 볼 수 있다. 남편의 폭력과 폭언에 고통 받는 가정, 불륜의 죄악에 빠진 가정, 아내의 사치와 낭비벽으로 살림이 파탄 난 가정… 이런 비극이 육체적 복을 상실한 인간에게 찾아왔다.

저주 속에도 하나님의 은혜는 있다

하나님이 그들에게 복을 주시며 하나님이 그들에게 이르시되 생육하고 번성하여 땅에 충만하라, 땅을 정복하라, 바다의 물고기와 하늘의 새와 땅에 움직이는 모든 생물을 다스리라 하시니라 창 1:28

여호와 하나님이 흙으로 각종 들짐승과 공중의 각종 새를 지으시고 아담이 무엇이라고 부르나 보시려고 그것들을 그에게로 이끌어 가시니 아담이 각 생물을 부르는 것이 곧 그 이름이 되

었더라 _{창 2:19}

타락 전 인간은 만물을 다스릴 수 있는 권세를 받고 그 권세를 누리는 존재였다. 인간을 두렵게 하는 존재도 인간을 두려워하는 존재도 없는 완전한 지상 낙원이었다. 하나님은 동산의 각종 들짐승과 새들을 아담에게로 끌어오셔서 아담더러 그것들에게 이름을 지어 주라 하셨고, 아담은 사자, 원숭이, 뱀 등 그것들에게 알맞은 이름을 지어 주었다. 여기서 우리는 사자나 호랑이, 독사 같은 생물이 지금처럼 사납고 잔인한 동물이 아니었음을 알 수 있다. 태초에는 인간과 모든 생물이 조화롭게 어울렸다.

이처럼 태초의 인간은 하나님이 지으신 생물들을 평화롭게 다스리는 권세가 있는 존재였다. 하지만 지금 우리는 어떤가? 사나운 맹수를 무서워하고 그들과 더불어 평화를 누리며 살지 못하게 되지 않았는가?

이처럼 하나님의 심판은 육체의 모든 복을 더 이상 누리지 못하게 만들었다. 그런데 심판하시는 하나님을 이해할 때 반드시 기억해야 할 것이 있다. '저주 속에 하나님의 은혜가 있다'는 성경의 교훈이다.

성경은 범죄한 인간에게 하나님의 심판이 임했음을 말하는 동시에 그 심판 중에도 하나님이 인간에게 은혜를 베푸셨음을 이야기하고 있다. 다시 말해, 하나님이 인간에게 주신 복을 묶어 버리는 심판 중에도 풀어 놓은 복이 있다는 뜻이다.

> 여호와 하나님이 아담과 그의 아내를 위하여 가죽옷을 지어 입
>
> 히시니라 창 3:21

이 구절과 관련해 많은 신학적 주장들이 있다. 그러나 그 모든 관점들을 접어 두고 '은혜'라는 관점에서 살펴보았을 때, 인간에게 가죽옷을 지어 입히신 하나님의 사랑을 발견하게 된다. 가죽옷은 글자 그대로 '가죽으로 만든 옷'으로서 무릎까지 오는 긴 옷을 말한다. 하필이면 왜 무릎까지 오는 긴 옷을 만들어 입히셨을까? 이 것이 하나님이 그들에게 베풀어 준 은혜인데, 에덴동산에서 쫓겨 나서도 하나님을 예배할 수 있도록 하신 것이다.

창세기 4장에 보면 아담과 하와는 에덴동산에서 쫓겨났다. 그 후 세월이 흘러 창세기 4장 3-4절을 보면 "가인은 땅의 소산으로 제물을 삼아 여호와께 드렸고 아벨은 자기도 양의 첫 새끼와 그 기름으로 드렸더니"라고 되어 있다. 이것은 아담과 하와가 자녀들을 낳은 뒤 가족과 함께 하나님께 제사를 드렸다는 의미다. 이것은 심판 중에도 가죽옷을 지어 입히시며 그들의 허물을 가려 주신 하나님의 은혜와 에덴동산에서 쫓겨난 뒤에도 하나님을 예배할 수 있는 복을 그들이 누렸다는 의미가 된다. 그런데 그들이 예배한 곳은 어디인가? 바로 에덴의 동쪽이다.

이같이 하나님이 그 사람을 쫓아내시고 에덴동산 동쪽에 그룹
들과 두루 도는 불 칼을 두어 생명나무의 길을 지키게 하시니
라 창 3:24

그렇다면 이들은 왜 에덴의 동쪽에 모여서 하나님을 예배하며
찾았을까? 에덴의 동쪽은 에덴의 출입구이기 때문이다. 그들은 하
나님께 제사드릴 수 없는 사람들이었다. 그럼에도 하나님께서 그
들의 수치를 가려 준 이 가죽옷 때문에 다시 예배할 수 있었다. 다
시 말하면 심판 중에도 보여 주신 하나님의 사랑이 이들로 하여금
하나님을 경배하도록 만든 것이다. 예배는 하나님이 심판 중에도
베푸시는 하나님의 은혜이자 축복이다.

그리고 훗날 심판 중에도 베푸시는 하나님의 은혜를 구약의 이
스라엘 백성은 성전에서 누렸다.

그가 나를 데리고 성전 문에 이르시니 성전의 앞면이 동쪽을
향하였는데 그 문지방 밑에서 물이 나와 동쪽으로 흐르다가 성
전 오른쪽 제단 남쪽으로 흘러 내리더라 그가 또 나를 데리고
북문으로 나가서 바깥 길로 꺾어 동쪽을 향한 바깥 문에 이르
시기로 본즉 물이 그 오른쪽에서 스며 나오더라 겔 47:1-2

성전 문지방에서 물이 흘러나와 동쪽을 향하여 흘러가다가 제단

을 한 바퀴 휘감아 돈 뒤 성전 문 밖으로 흘러 나갔다고 말한다. 성전의 문이 동쪽을 향하고 있음을 알 수 있다. 이들은 성전 안에서 하나님이 심판 중에도 베푸시는 그 은혜를 누리고 경험하며 살았음을 의미한다.

이처럼 우리도 하나님이 심판하시는 분임을 기억하되 심판 중에도 은혜를 베푸셔서 예배의 은혜와 복을 누리도록 하셨음을 잊지 말아야 한다. 성전에서 예배드리는 삶이 심판 중에도 베푸시는 하나님의 은혜라는 사실을 기억할 때, 성도는 영광스러운 하나님의 복을 누리며 살게 된다. 성전에서 예배드리는 은혜를 갈망하고, 심판 중에도 베푸신 은혜를 빼앗기지 않는 성도가 복되다.

심판하시는 하나님

죄를 심판하시는 하나님을 알아야 인생의 묶임에서 벗어날 수 있고
더 이상 저주의 사슬에 묶이지 않을 수 있다. 하나님의 심판으로 묶
여 버린 복은 무엇인가?

영적인 복을 잃어버렸다

내 심령이 하나님을 향한 신앙을 잃어버리고 하나님의 말씀이 그냥
스쳐 지나간다면, 그것이 바로 저주다. 하나님과 친밀히 교제하지 못
하는 것이야말로 가장 무서운 심판인 것이다.

육체적인 복을 잃어버렸다

하나님은 에덴동산에 두셨던 복을 인간이 더 이상 누리지 못하도록
묶어 버리셨다. 이로써 인간은 하나님이 주신 풍요로움과 즐거움과
자유를 더 이상 누리지 못하게 되었다. 사람은 '고생'과 '수고'의 삶
을 살아가다 결국 육체의 죽음까지 맞이하게 되었다.

저주 속에도 하나님의 은혜는 있다

범죄한 인간에게 하나님의 심판이 임했지만 그런 중에도 하나님은
인간에게 은혜를 베푸셨다. 그것은 하나님을 예배할 수 있는 복이다.
하나님의 사랑이 이들로 하여금 하나님을 경배하도록 만든 것이다.

chapter 14

기억하심

언제나 막벨라의 하나님을
생각하라

죽음을 생각해 본 적이 있는가? 죽
음에 대해 얼마나 많이 생각해 보았는가? 죽음은 누구에게는 찾아
오고 누구에게는 피해 가는 것이 아니다. 이 땅에 발을 딛고 살아
가는 모든 사람들에게 반드시 찾아오는 필연이다. 그럼에도 우리
는 죽음을 잘 인식하지 못하고 사는 것 같다. 죽음은 빈부귀천 남
녀노소를 불문하고 반드시 겪어야 하는 인생의 과정이다. 그럼에
도 죽음은 절대 살갑지 않다.

　　창세기 23장에 보면, 아브라함이 죽기 전에 아내 사라가 먼저 죽
는 장면이 나온다. 사라의 장례를 치르기 위해 아브라함은 거금을
주고 무덤으로 쓸 동굴을 구입한다. 이 굴이 바로 '막벨라 굴'이다.

아브라함도 훗날 '막벨라 굴'에 함께 묻힌다. 특별히 창세기 23장은 '사라의 죽음'을 짧게 기록한 후 나머지를 아브라함이 '막벨라 굴'을 산 내용으로 채워 놓았다. 사라의 죽음은 짧게 다루면서 '막벨라 굴'을 구입하는 과정에 대해선 성경 한 장을 할애하면서까지 세밀하게 기록한 이유는 무엇일까?

'막벨라'는 마므레에 소재하고 있다. 마므레는 헤브론을 말하는데, 아브라함이 가나안 땅에 들어왔을 때 처음으로 하나님을 예배했던 곳이다. 또한 이곳에서 약속의 아들 이삭을 주겠다는 하나님의 음성을 들었고, 아들 이삭이 태어났다. 뿐만 아니라 아브라함은 여기서 하나님이 보낸 사자를 대접했다. 이처럼 '막벨라 굴'이 있던 헤브론은 아브라함의 신앙적 정취가 가득 담겨 있는 곳이다.

> 그 후에 아브라함이 그 아내 사라를 가나안 땅 마므레 앞 막벨
> 라 밭 굴에 장사하였더라(마므레는 곧 헤브론이라) 창 23:19

사라가 먼저 '막벨라 굴'에 장사되었고, 이어 아들 이삭과 이스마엘이 죽은 아버지 아브라함을 '막벨라 굴'에 함께 묻는다.

> 그의 나이가 높고 늙어서 기운이 다하여 죽어 자기 열조에게로
> 돌아가매 그의 아들들인 이삭과 이스마엘이 그를 마므레 앞 헷
> 족속 소할의 아들 에브론의 밭에 있는 막벨라 굴에 장사하였으

니 ^{창 25:8-9}

이삭도 죽자 그의 아들인 야곱과 에서가 '막벨라 굴'에 장사 지
냈다. 아브라함, 사라, 이삭이 모두 헤브론 땅 '막벨라 굴'에 묻힌
것이다.

> 이삭이 나이가 많고 늙어 기운이 다하매 죽어 자기 열조에게로
> 돌아가니 그의 아들 에서와 야곱이 그를 장사하였더라 ^{창 35:29}

그리고 창세기 50장 13절에는 야곱의 장례가 기록되어 있다.

> 그를 가나안 땅으로 메어다가 마므레 앞 막벨라 밭 굴에 장사
> 하였으니 이는 아브라함이 헷 족속 에브론에게 밭과 함께 사서
> 매장지를 삼은 곳이더라 ^{창 50:13}

야곱도 그의 아버지 이삭과 할아버지 아브라함 그리고 할머니
사라가 묻힌 '막벨라 굴'에 장사되었다. 이처럼 신앙의 영웅들이 묻
힌 곳이 '막벨라 굴'이다. 그렇다면 성경은 왜 믿음의 영웅들이 이
땅에서의 삶을 마감할 때마다 '막벨라 굴'을 언급해서 다시 주목시
키는 걸까? 아브라함의 죽음을 통해 '막벨라'가 주는 교훈이 있기
때문이다.

아브라함의 향년이 백칠십오 세라 그의 나이가 높고 늙어서 기
운이 다하여 죽어 자기 열조에게로 돌아가매 창 25:7,8

성경은 아브라함이 175세의 인생을 살다가 죽었다고 말한다. 앞
서 사라에 대해서도 "사라가 백이십칠 세를 살았으니 이것이 곧 사
라가 누린 햇수라"(창 23:1)고 했다.

성경은 통상적으로 여자의 일생을 언급할 때 나이를 말하지 않
는다. 그런데 사라에 대해서는 127세까지 살다가 죽었다고 분명하
게 명시한다. 이것은 사라가 '여러 민족의 어머니'로 장차 구원의
역사에 영원히 기억될 믿음의 인물이기 때문이다.

그리고 성경은 믿음의 조상들이 막벨라 굴에 묻혔음을 거듭 강
조한다. 이 땅에서 화려한 믿음의 삶을 살았더라도 생의 끝에는 모
두 막벨라 굴에 안장되었다는 것이다. 인생은 죽을 수밖에 없다는
사실을 말하고 있다.

이처럼 믿음의 영웅들이 죽음을 뛰어넘거나 결코 저항할 수 없
었다면 우리도 언젠가는 죽음의 자리에 가게 될 것이다. 그런데 우
리가 죽음을 대하는 자세는 매우 어리석고 미흡하다. 죽음이 필연
임을 말로는 인정하나 마음으로는 인정하지 않기 때문이다. 그래
서 모든 죽음은 갑작스럽고 놀라운 일이 되고 만다.

사라가 가나안 땅 헤브론 곧 기럇아르바에서 죽으매 아브라함
이 들어가서 사라를 위하여 슬퍼하며 애통하다가 창 23:2

아브라함은 사라의 죽음을 슬퍼하고 애통해하며 '막벨라 굴'에
장사했다. 사랑하는 사람이 죽었을 때 우리가 할 수 있는 일은 그
를 위해 슬퍼하며 우는 것뿐이다. 더 잘해 주지 못해서, 상처와 아
픔을 주어서, 때론 고생한 사람의 인생을 생각하며 울어 줄 뿐이다.
부모님이 세상을 떠났을 때도, 사랑하는 친구나 동료가 나보다 먼
저 세상을 떠나 버릴 때도 슬퍼하는 것 외에 할 수 있는 것이 아무
것도 없다. 이것이 인생이다. 인생은 죽음을 뛰어넘을 수도 막아 설
수도 없다.

나는 당신들 중에 나그네요 거류하는 자이니 당신들 중에서 내
게 매장할 소유지를 주어 내가 나의 죽은 자를 내 앞에서 내어
다가 장사하게 하시오 창 23:4

인생의 한계를 깨달은 아브라함은 사라의 죽음 앞에서 자신의
인생을 나그네와 거류하는 자에 비유한다. 이것을 베드로는 이렇
게 말했다.

사랑하는 자들아 거류민과 나그네 같은 너희를 권하노니 영혼

을 거슬러 싸우는 육체의 정욕을 제어하라 벧전 2:11

우리는 이 땅에 잠시 거쳐 가는 나그네요 잠시 머무는 길손일 뿐이다. 세상이라는 곳을 잠시 거처로 삼다가 나그네와 같이 지나가는 것이 우리 인생이다. 나그네 의식을 가지고 살 때 육체의 정욕을 따라 허랑방탕한 삶을 살지 않고 그리스도인답게 살 수 있다. 죽음의 사건을 통해 하나님을 바르게 알 때 인생이 무엇인지 그 의미를 깨닫고 하나님만 바라보며 살아갈 수 있다.

그리스도인들이 인생의 의미를 잘 알지 못하면 세상 사람들과 다를 바가 없다. 약육강식의 생존 방식은 우리 삶에 경쟁을 부추기고 수단과 방법을 가리지 않고 성공을 향해 달려가게 만든다. 그렇다 보니 '정직과 성실'보다 '권모와 술수'에 능한 것을 능력 있는 것으로 간주한다. 할 수만 있으면 더 많이 가지려는 욕망을 부추겨서 부모 자식이, 형제와 형제가 재산을 차지하기 위해 칼부림도 서슴지 않게 만든다. 인생이 스쳐 가는 나그네라는 것을 안다면 그토록 죽을힘을 다해 이기적인 삶을 살지는 않을 것이다.

그래서 성도는 인생이 나그네에 불과하다는 것을 알아야 한다. 누구든지 죽음을 맞는다는 사실을 마음으로 인정해야 한다. 그래야 세상 풍조에 휩쓸리지 않고 자기 정체성을 지킬 수 있다.

죽음 앞에 서면 아등바등 땀 흘리며 살아온 세월이, 양심을 속이고 타인에게 피해를 끼친 일들이 후회가 될 뿐이다. 죽음 앞에 서면 돈이 전부가 아니라는 것을, 돈 때문에 아귀다툼을 벌인 것이 얼마나 부끄럽고 어리석은 짓인지를 깨닫게 된다.

목회를 하다 보면 죽음의 문턱까지 이른 분들을 많이 본다. 건강검진 갔다가 암이라는 진단을 받고 세상이 무너지는 듯한 충격에 휩싸인 분이 있는가 하면, 남편의 외도로 하루아침에 지옥이 되어 버린 가정도 있다. 죽음의 문턱에 이르면 세상이 달리 보이게 된다. 인생이 나그네 같은 것임을 깨닫게 된다. 그러면 세상에 집착하지 않는 신앙의 행진을 계속할 수 있다.

나는 집회를 인도하러 먼 길을 갈 때면 휴게소에 꼭 들른다. 그곳은 고단한 운전자나 여행객들이 가볍게 요기를 하며 잠시 쉬어 가는 곳이다. 그곳은 머물려고 집착하거나 자신의 성공을 위해 몸부림치는 곳이 아니다. 우리 인생도 이 휴게소와 같다. 그러니 이 땅에서 아등바등 욕심을 부릴 필요도 없고 교만할 것도 없다.

인생은 죽음의 강을 뛰어넘지 못한다. 나도 언젠가 '막벨라'에 눕게 될 것이다. 그리고 죽음은 순서가 없어서 부모보다 자식이 먼저 죽을 수 있고, 젊은이가 늙은이보다 먼저 죽을 수 있다. 장담할 수 있는 인생이 없는 것이다.

인생이 나그네 같다는 것을 인식하고 나면, 내 삶의 우선순위와 가치관, 생활방식이 수정될 수밖에 없다. 세상의 방식이 아닌 하나님의 방식으로 돌이킬 수밖에 없다.

창세기 23장은 아브라함이 '막벨라 굴'을 구입하는 과정을 집착하듯이 묘사하고 있다. 성경은 '막벨라 굴'을 구입하는 과정에 대해 왜 이토록 세세하게 묘사하고 있을까? 이것은 본향에 대한 절대적 인식 때문에 그렇다.

아브라함은 아내 사라가 죽었을 때 시신을 자신들이 떠나왔던 고향 땅에 묻으려 하지 않았다. 오히려 하나님이 주시겠다고 약속한 그 땅에 아내의 묘지를 구하고 거기에 장사 지냈다. 아브라함에게 고향은 갈대아 우르가 아니라 하나님이 약속하시고 보내신 가나안 땅이기 때문이다. 아브라함도 나이가 많아 기운이 쇠하여 죽었을 때 '막벨라 굴'에 장사되었는데, 그때 성경은 '자기 열조에게 돌아갔다'고 표현한다(창 25:8).

이 말은 아브라함이 하나님의 약속을 따라 살던 자들에게로 돌아갔다는 의미다. 그래서 성경은 '막벨라'를 통해서 우리에게 묻고 있다. '너의 본향은 어디인가? 너희가 돌아갈 본향이 어디인가?' 성경은 우리가 본향을 제대로 알기 바란다.

앞에서 언급했듯이 마므레는 아브라함과 사라가 하나님을 예배하고 하나님의 약속을 붙들고 살았던 곳이다. 이곳에서 두 사람은 하나님께서 약속하셨던 언약의 성취를 경험했다. 가나안 땅 마므레에 있는 '막벨라 굴'에 장사했다는 말은 믿음의 사람들이 돌아갈 고향은 약속의 땅 가나안뿐임을 의미한다.

야곱은 먼 이국 땅 애굽에 있을 때 자녀들에게 조상들이 묻힌 땅에 묻어 줄 것을 부탁했다. 그리고 애굽에 있는 자녀들도 다시 가나안으로 돌아가서 정착하게 될 것을 예언했다. 이처럼 믿음의 조상들은 철저하게 본향을 의식하며 살았다. 찬송가 〈후일에 생명 그칠 때〉 가사를 보면 본향에 대한 그리움이 간절하다.

후일에 생명 그칠 때 여전히 찬송 못하나
성부의 집에 깰 때에 내 기쁨 한량없겠네.

죽음을 맞으면 지금처럼 찬송할 수 없다. 그러나 하나님의 집에서 우리가 깨게 될 텐데 그곳이 바로 우리의 본향이다. 이 찬송가는 우리가 살아 있을 때 많이 불러야 할 찬송인 것 같다. 본향에 대한 그리움과 기대가 가득 차 있어야 그 사람이 진짜 성도이기 때문이다. 우리가 객지에 나가 있으면 집이 그리운 것처럼 건강한 성도는 하나님 나라를 사모해야 한다.

나는 여행을 참 좋아한다. 그러나 집으로 돌아올 때가 더 좋다. 집에 오면 사랑하는 가족을 볼 수 있어서 좋고, 교회 성도들을 볼 수 있어서 좋다. 집을 나가면 집이 그리운 것처럼 나그네의 삶은 본향을 그리워하게 마련이다.

나는 선한 싸움을 싸우고 나의 달려갈 길을 마치고 믿음을 지켰으니 이제 후로는 나를 위하여 의의 면류관이 예비되었으므로 주 곧 의로우신 재판장이 그날에 내게 주실 것이며 내게만 아니라 주의 나타나심을 사모하는 모든 자에게도니라 딤후 4:7-8

본향 의식이 있을 때 성도는 충성된 삶을 살아갈 수 있다. 나의 삶을 보시고 상 주실 하나님이 계시기에 우리는 힘들고 어려워도 믿음의 삶을 포기하지 않고 살아가게 된다. 세상에 매이지 않는 삶을 살게 되는 것이다. 그래서 성경은 우리에게 '네 보물을 하늘에 쌓아 두라'고 가르친다. 이곳은 우리가 영원히 있을 곳이 아니기 때문이다.

25~26년 전에 나는 매년 한 번 내지 두 번 소록도를 방문했다. 소록도는 나병환자들이 격리되어 사는 곳이다. 당시 그 섬에는 교회가 7~8개 있었는데, 소록도에 가면 영혼의 재충전을 받고 나오는 듯했다. 무엇보다 그곳 사람들의 철저한 본향 의식 때문이었다. 그들이 즐겨 부른 노래도 〈주님 고대가〉였다.

낮에나 밤에나 눈물 머금고 내 주님 오시기만 고대합니다
가실 때 다시 오마 하신 예수님 오 주여 언제나 오시렵니까
먼 하늘 이상한 구름만 떠도 행여나 내 주님 오시는가 해
머리 들고 멀리멀리 바라보는 맘 오 주여 언제나 오시렵니까

우리 신앙의 선배들이 창에 찔리고 목을 베이기도 하고 뾰족한 못판 위를 구르기도 하고 옥에 갇히기도 했지만 주님을 배반하지 않고 신앙의 순결을 지킬 수 있었던 것은 이 본향 의식 때문이었다. 나를 안아 주시고 위로해 주실 주님이 저 하늘나라에 계심을 믿었기 때문이다.

본향 의식이 없으면 세상과 타협하게 된다. 본향 의식이 없으면 이 땅의 풍조를 따르게 된다. 본향 의식이 없으면 하나님보다 세상을 더 사랑할 수밖에 없다. 그러므로 신앙을 지키는 힘은 본향에 대한 분명한 확신과 그리움이다.

죽음은 만남이요 기억됨이다

일반적으로 죽음이란 모든 것의 끝이라고 생각한다. 사랑하는 가족과 더 이상 함께할 수 없는 상태, 따스한 어머니의 손길을 느낄 수 없는 상태, 정들었던 이들의 모습을 보고 싶고 듣고 싶어도 그렇게 할 수 없는 모든 상태의 끝이 죽음이다. 그래서 죽음은 누구에게 닥쳐도 슬프고 애절하다. '막벨라'의 하나님은 우리에게 죽음이 끝이 아니라 새로운 시작이라고 말한다.

우리는 죽지만 하나님 나라에서 모두 만난다. 그래서 죽음은 '헤어짐'이 아니고 '만남'이다. 하나님과의 만남이요 신앙의 동지들과의 만남이요 헤어진 믿음의 가족들과의 만남이다.

또한 죽음은 '끝남'이 아니라 '기억됨'이다. 생각해 보라. 아브라함의 자손들이 '막벨라'에 부모를 장사지내면서 누구를 기억했을까? 가장 먼저 묻힌 사라 그리고 아브라함, 이삭, 야곱을 생각했을 것이다. 죽음은 끝이 아니라 신앙의 행적을 돌아보는 '기억됨'의 장소다.

이처럼 거듭난 그리스도인들에게 죽음이란 새로운 시작이요, 기억됨의 장소이다. 그렇기 때문에 성도는 서로 사랑하고 용서하며 너그럽게 살아야 한다. 원수 맺고 미워하며 살다가는 주님 부르시는 훗날에 부끄러움밖에 남지 않는다. 우리는 모두 천국 가면 만날 사람들이기에 인생이 힘들고 죽을 것처럼 어려워도 '막벨라'를 생각하며 다시 일어서야 한다.

본향을 생각하며 살아갈 때 끊어 내기 어려웠던 갈등과 인생의 문제들을 쉽게 내려놓을 수 있다. 본향을 바라보며 살아갈 때 절대 풀리지 않을 것 같던 인생의 복잡한 매듭들도 쉽게 풀린다. 그래서 하나님은 우리에게 '막벨라'를 기억하며 살라고 말씀하신다. 죽음의 강을 건너면 신앙의 후손들이 나의 신앙을 기억할 것이다. 어떻게 살았는지, 어떤 족적을 남겼는지…. 이처럼 우리의 죽음은 죽는 것으로 끝나는 것이 아니기에 이 땅을 살아가는 동안 신앙의 아름다운 자취를 남기기 위해 하나님을 더 깊이 알아가고 순종하는 삶을 살아야 한다.

막벨라의 하나님

인생의 의미를 깨달으라

인생은 스쳐 가는 나그네에 불과하다. 이것을 알 때 성도는 세상 풍조에 휩쓸리지 않고 자기 정체성을 지킬 수 있다. 나그네 의식이 분명해지면 내 삶의 우선순위와 가치관, 생활방식이 수정될 수밖에 없다. 세상 방식이 아닌 하나님의 방식으로 돌이킬 수밖에 없다.

본향 의식이 있어야 믿음을 지킬 수 있다

우리의 본향은 하나님의 집이다. 나의 삶을 보시고 상 주실 하나님이 계시기에 우리는 힘들고 어려워도 믿음의 삶을 포기하지 않고 살아가게 된다. 그러므로 신앙을 지키는 힘은 본향에 대한 분명한 확신과 그리움이다.

죽음은 만남이요 기억됨이다

'막벨라'에 먼저 사라가 묻힌 뒤 아브라함이 묻혔고, 이삭과 야곱이 묻혔다. 그런 의미에서 죽음은 '헤어짐'이 아니고 '만남'이다. 하나님과의 만남이요 신앙의 동지들과의 만남이다. 또한 죽음은 '끝남'이 아니라 '기억됨'이다. 죽음의 강을 건너면 후손들이 나의 신앙을 기억할 것이다. 그렇기에 이 땅에서 하나님과 동행하며 아름답게 살아야 한다.